Jリーグを使ってみませんか？

地域に笑顔を増やす
驚きの活動例

著　中山 淳

協力　Jリーグ

ベースボール・マガジン社

CONTENTS

いわてグルージャ盛岡 ››› P22

ブラウブリッツ秋田 ››› P114

松本山雅FC ››› P104

カターレ富山 ››› P94

ガイナーレ鳥取 ››› P64

ヴァンフォーレ甲府 ››› P84

Y.S.C.C.横浜 ››› P34

清水エスパルス ››› P8

名古屋グランパス ››› P74

カマタマーレ讃岐 ››› P54

FC琉球 ››› P44

地図内で示している地点はホームスタジアムの位置を目安にしています

『シャレン！』のススメ

鈴木 順

Jリーグ サステナビリティ部 社会連携グループ グループマネージャー

　Jリーグが1993年に産声を上げてから、もう四半世紀以上が経過しました。これまで、私たちJリーグは「Jリーグ百年構想　スポーツで、もっと、幸せな国へ。」というスローガンを掲げながら、「地域に根ざしたスポーツクラブ」を核としたスポーツ文化の振興活動に取り組んできました。

　そのJリーグがちょうど四半世紀にあたる25周年を迎えた2017年、改めて私たちが大切にしている３つのミッション（競技性、事業性、社会性）を確認し、それぞれを強化するための検討が行われました。Jリーグ内に社会連携部が組織化されたのは翌2018年になりますが、現在Jリーグが推進している『シャレン！』の発端は、25周年をきっかけに立ち上がった社会連携検討部会にあります。

　そこで議題として上がったのが、全クラブ合わせて年間計２万回以上を数えるホームタウン活動でした。百年構想という理念の下、日本全国にある各Jクラブは、地元に根ざすためのホームタウン活動として、さまざまな地域貢献活動を実施してきましたが、その一方で、その回数や各クラブが実施している素晴らしい活動について、Jリーグ以外の方々に対してまだ十分に伝えられていないという課題が見つかりました。

　その課題解決のために立ち上がったのが、「三者以上で」「共通の課題を解決して地域の笑顔を増やす取り組み」をコンセプトにした『シャレン！』です。

『シャレン！』では、これまで各クラブが行ってきたさまざまなホームタウン活動を分類したうえで、地元地域を主語にした活動を重点的に発信しています。それによって、全国にあるJクラブの地域貢献活動の存在をより多くの方に知ってもらい、ともに地域を活性化させられるような仕組みと環境づくりを目指しています。

　各クラブの活動を通してより多くの方に当事者として関わっていただくことにより、そのクラブは地域の公共財的な存在になれます。クラブが地域の方々のものになれば、成績に大きく左右されることなく地元に応援していただけるようになり、それは巡り巡って、各クラブの経営を安定化させる基盤になるかもしれません。『シャレン！』の主な目的は、そういったJクラブと地域の好循環をつくり、それぞれの地域を活性させることにあります。

　そのために、リーグとして積極的に取り組んでいることのひとつが、発信の強化です。とくにサッカーの外側にいて、地域をよくしたいと考えている方々にJクラブの活動に関する情報を届けることを意識し、自治体の公務員から民間の企業人、学生にまでその範囲を広げてアプローチをしています。その第一歩として、25周年の時期にはJクラブの社長やホームタウン担当者に、ソーシャルセクターやパブリックセクターの方々を加え、約300人規模の「未来共創『Jリーグをつかおう！』」というワークショップを開催しました。本書でも紹介しているヴァンフォーレ甲府の『キャリスタ』のように、そこでの出会いをきっかけにしてはじまった活動もあります。

　2020年にはじまった「シャレン！アウォーズ」も、各活動に優劣をつけるための賞レースではなく、あくまでもメディアに取り上げていただくためのきっかけづくりの一環として着手し、それによって各クラブが実施した活動の露出は確実に増えました。さらに、毎

年各クラブがエントリーする活動の詳細を共有することで、クラブはもちろん、地域の方々の『シャレン！』への理解も深まり、どのようにしてJクラブと連携しながら地元を活性化させるかを具体的に考えるきっかけにもなっています。

また、内部的には、「シャレン！アウォーズ」の存在によって日頃は陽の当たらない地味な仕事にスポットライトを当て、各クラブのホームタウン担当や社会連携担当の仕事がクラブ内で評価を高めるきっかけにしたいという狙いもありました。その効果なのかは分かりませんが、『シャレン！』がスタートして以来、二桁を超える数のクラブに社会連携部、もしくは社会連携グループといった専門の組織が立ち上がりました。

まだ『シャレン！』の立ち上げから数年しか経っていませんが、他にもいくつかの成果が表れています。

顕著だったのは、2020年にはじまったコロナ禍でした。私たちの本業であるサッカーの試合を開催できない状況に陥った中、その苦しい時期に各クラブの選手やスタッフたちの拠り所、受け皿のひとつになったのが『シャレン！』でした。

地元飲食店の宅配サポート、農水産業支援、こども食堂支援、ワクチン接種支援など、コロナ禍で疲弊していた地域の方々を少しでも元気にするための活動は、まさしく『シャレン！』の目指すところであり、サッカーの試合ができなくてもJクラブが地域に貢献できることを改めて証明することができました。Jリーグでも、各地域におけるクラブの存在価値を高めるために、『シャレン！』としてそれらの活動を全国に発信することもできました。

サッカーの試合と違って、『シャレン！』には勝敗はありません。クラブ間や地域間で手の内を隠す必要がないので、他の地域で成功

した活動に興味があれば、その担当者に気軽に問い合わせることができます。そういった横のつながりが広がったことも『シャレン！』の成果のひとつであり、ある地域で上手くいった活動を別の地域で応用するための環境も整いつつあります。そのために、各クラブの担当者が定期的にミーティングをして、情報交換をしています。

　高齢化や過疎化、子どもの貧困問題など、現在の日本にはそれぞれの地域でそれぞれの課題を抱えています。もちろん自治体もそれらの課題解決に向けた取り組みを行っていますが、Ｊクラブの活動は、それらの難しい課題を噛み砕き、分かりやすくして地域の人々に伝えることができます。

　高齢者の健康問題があれば、クラブのトレーナーによる健康体操を市民に届け、子どもの貧困問題があれば、選手たちが子ども食堂に地元の食材でつくったお弁当を届ける。それで課題がすべて解決するわけではありませんが、発信力があり、スポンサーに地元企業を多く抱えるＪクラブには、行政にはできない課題解決に向けた役割を担えることも確かです。

　ですから、Ｊリーグを、あなたの地域にあるＪクラブを、もっと使ってください。地元をもっとよくしたいと考えている方々と同じように、Ｊクラブも地元にもっと貢献したいと考えています。同じ「地域」を共通語にして、より多くの人が仲間になることができれば、全国にハッピーな地域がもっと増えていくはずです。それこそが、Ｊリーグ百年構想の目指す世界でもあります。

　本書では、これまで「シャレン！アウォーズ」にエントリーした活動事例をピックアップして紹介していますが、その活動例を参考にして、より多くの方々に『シャレン！』のチームメイトに加わっていただくことを願っています。

1

清水エスパルス

静岡市シェアサイクル事業
PULCLE（パルクル）

静岡市と地元企業のTOKAIケーブルネットワークが

二人三脚で推進することになったシェアサイクル事業は

地元地域に根ざした清水エスパルスが協力したことにより

予想以上のスピード感で市民の間に浸透すると同時に

今後に向けたさまざまな可能性を秘めた活動に発展した。

提供：清水エスパルス

清水エスパルスWEBサイト内「静岡市シェアサイクル事業PULCLE」紹介ページ
https://www.s-pulse.co.jp/csr/pulcle

『静岡市シェアサイクル事業PULCLE（パルクル）』

目的
未来に向けた街づくりと地域の活性化

実施自治体
静岡市

公用地提供
利用広報 →

設備投資・エリア戦略
事業運営・エリア開拓

運営主体
TOKAI
ケーブル
ネットワーク

世界標準の
自転車都市の実現

PULCLE
（パルクル）

新規事業開拓

ブランド名称＆
オリジナルマスコット
キャラクター無償協力
プロモーション協力

『パルクル』を通じた
地域貢献活動

学習機会

街のオレンジ化
リブランディング周知

事業連携
静岡サレジオ
高校

ブランド協力
清水
エスパルス

［協働者］
静岡市、株式会社TOKAIケーブルネットワーク、株式会社トコちゃんねる静岡、OpenStreet株式会社

静岡市のシェアサイクル事業で
パルちゃんに白羽の矢が立つ

　ひとつの社会課題を解決するための理想形としてよく言われるのが、「産学官民」の連携です（産＝民間企業、学＝教育・研究機関、官＝国や地方の自治体、民＝住民・市民）。Jリーグが推進する社会連携活動にも同じことが言えますが、理想形であるがゆえに、それを実現することは簡単ではありません。

　しかし、清水エスパルスの『静岡市シェアサイクル事業PULCLE（パルクル）』は、その理想形を実現させました。同時に、「産学官民」が協力し合うことが、どれほど大きな力と可能性を生み出すのかを示す、お手本のような活動になりました。

　一体どのようにして、このような理想的な活動が実現したのでしょうか。その中で、清水エスパルスはどのような役割を担っているのでしょうか。今後の参考のためにも、詳しく紹介していきます。

　はじまりは2019年11月、都市計画のひとつとして自転車の活用を掲げていた静岡市が、公営シェアサイクル事業の運営会社を公募し、翌年1月に地元企業「TOKAIケーブルネットワーク」が事業者に選定されたことに端を発します。その新規事業を担当した同社営業企画部長の山内崇資さんが、当時を振り返ります。
「まだ地域に浸透していないシェアサイクルという新規事業を新しいブランド名で展開するのはリスクがあると考えました。そこで、新しいサービスと新しいブランドの両方を短時間で、しかも安価で定着させる手段を考えた時、ここ静岡市で市民に浸透していて多くの人から愛されるブランドは『ちびまる子ちゃん』のまるちゃんか、エスパルスのパルちゃんしかないと思い、エスパルスに話を持ち掛

けることにしました。また、私自身がクラブ創設時からの熱狂的ファンで、入社した時からいつかはエスパルスと仕事がしたいという密かな夢を持っていたので、これは絶好のチャンスだと考え、それが大きなモチベーションにもなりました（笑）」

　一方、相談を持ち掛けられた側の清水エスパルスでは、クラブOBで17年のプロキャリアを持つ元Jリーガー、高木純平さん（当時ホームタウン営業部）が、この話に強く惹かれました。
「最初に山内さんが説明しに来られた時、クラブ内では積極的な姿勢が見受けられませんでしたが、僕には『これは面白い！』という直感めいたものがありました。その理由のひとつが、自転車とサッカーはまったく関係がないということです。僕としては、以前からサッカークラブはサッカーだけをやると決められているわけではなく、エスパルスを好きになる理由はサッカーだけではない、別の分野からアプローチすることでもファンを増やせるはずだと考えていたので、何とかこの話を実現させたいと思って、山内さんとの打ち合わせを重ねて社内承認を得るための作戦を練りました」

　では、事業主体の静岡市は清水エスパルスとの連携について、どのように進めたのでしょうか。松岡利三朗さん（静岡市役所都市局都市計画部交通政策課主幹兼係長）が、説明してくれました。
「エスパルスさんとは日頃から深くおつき合いしていただいていますし、当時も『クールチョイス※1』の啓発活動などで連携させていただいていましたので、それを担当する環境創造課から交渉を進めて、今回の連携につながっていきました」

　清水エスパルスを使いたいと考えた「産」の山内さんの提案に「官」の静岡市が賛同し、その事業に清水エスパルスが協力するというかたちで、この事業をローンチする道筋ができあがりました。

※1＝CO_2などの温室効果ガスの排出量削減のために、
　　　地球温暖化対策に資するあらゆる賢い選択を促す国民運動

自治体、運営企業に共通していた「街づくり、地域活性」への想い

このシェアサイクル事業は、事業主体の静岡市と運営主体のTOKAIケーブルネットワークが二人三脚で立ち上げたプロジェクトですので、静岡市は世界水準の自転車都市を実現すること、TOKAIケーブルネットワークは新規事業開拓という目的があります。ただ、山内さんはそれよりも重要な目的があったと言います。

「これは行政を主体とする事業ではありますが、行政からの補助金は一切出ていません。それぞれが手持ちのリソースを持ち寄ってつくり上げた事業です。弊社は設備投資を含めた事業運営を行いますが、行政から提供される公用地の賃借料を100%減免してもらい、事業売上の全額を収益とします。他のエリアではステーション用地に賃料が発生したり、行政の補助金を資金源としたりしますが、ここでは関係各社が協力し、新しい公共交通プラットフォームをつくろうという観点からスタートできました。

なぜこのようなスキームが実現したかと言えば、計画の根底に"街づくり"や"地域活性"という共通の目的があったからです。エスパルスもそこを理解してくれたうえで、パルちゃんの新デザインを提供してくれて、事業の告知宣伝の部分で彼らのリソースを最大限に活用してくれました」

ちょうどクラブがロゴやエンブレムなどをリブランディングした時期だったため、高木さんがクラブ内を説得する理由も見つかりました。曰く「市民の方が自転車で街を走ってくれることが、そのまま新しいパルちゃん、引いてはエスパルスの宣伝につながるのですから、クラブにとってこれほどありがたい話はありません」。

ステーション数＆利用者が増加
地元高校が加わって事業も拡大

　清水エスパルスの協働が決まったことで、シェアサイクル事業のネーミングも「S-PULSE」と「Cycling」を掛け合わせた造語『PULCLE（パルクル）』に決定。新型コロナウイルス（COVID-19）の感染拡大の影響で事業開始はずれ込みましたが、2020年6月にオープニングセレモニーも実施され、ついにパルクルがローンチされました。ただ、事業開始には悪戦苦闘もあったようです。静岡市の松岡さんが、当時の様子を振り返ってくれました。

「今回の公募にあたっては、事業費を出さない代わりに、支障のない公用地は無償で貸し出すことを条件としていましたが、そのためには施設管理者の理解を得る必要があります。ところが、実際にはじめてみると、その交渉がスムーズに進まず苦戦しました。それでも、市役所の正面玄関にポートを置いたのを機に、市役所がやるのであれば協力しようという雰囲気に変わっていきました」

　運営責任者の山内さんも、パルクルのステーション設置のためのエリア戦略や、会社としての数値目標達成に苦労したそうです。

パルクルで使用されている自転車。後輪カバーにロゴとパルちゃんがプリントされている（提供：清水エスパルス）

「どこにステーションを設置するかは、利用者行動パターンに仮説を立てて進めるしかなかったので、的を外したこともありました。それと、事業責任者として収支も見なければいけないのですが、コロナ禍の影響で、当初は利用回数や売上の目標数値を達成できない時期があり、プレッシャーを感じながら進めていました。

そんな中、着々と市民にパルクルを浸透させて事業エリアを拡大することができたのは、エスパルスの力だと思います。パルクルの利用はエスパルスの応援につながる、パルクルのステーションが設置されている店や銀行があれば、店舗イメージもアップする。そんなクラブを応援する意識が市民に浸透しているのは、創設以来、エスパルスが培ってきた財産だと思いますし、この街にエスパルスが根づいていることを改めて実感する機会になりました」

こうして、47ヶ所だったステーション数も190ヶ所に増え、利用者数も右肩上がりに増加（2022年10月時点）。売上も、15分70円の利用料に車体広告収入も加わり、シェアサイクル事業としても明るい未来が見えるまでに成長を遂げることができました。

その間、事業開始から約半年が経過した頃、Jリーグが推進する「シャレン！」のことを知った山内さんは、もうひとつのチャレンジに着手しています。知人でもある静岡サレジオ中学・高等学校の山田邦彦先生に相談し、高校生たちにも輪に加わってもらって「産学官民」の体制で事業の拡大と街の活性化を図ったのです。

「アウォーズ受賞を目標に掲げ、エスパルス、静岡市、我々TOKAIグループ、静岡サレジオ高校の4者が組織の垣根を越え、理想的なかたちでチームとして連携することができました」（山内さん）

では、具体的に高校生たちはどのようなかたちでパルクルに関わったのでしょうか。山田先生が説明してくれました。

パルクルの利用実績

	2020年6月	2021年3月	2022年3月	2022年10月
自転車台数	94	270	350	500
ステーション数	47	86	160	190
総ラック数	440	712	1198	1348
月間利用回数	3262	11713	20566	32320
初回利用者数（累計）	677	6940	18615	28094

提供：TOKAIケーブルネットワーク

「私たちには、草薙の街づくりのための活動をしている『草薙フューチャーセンター』という部活動のような団体があるのですが、山内さんからはそのメンバーにパルクルを盛り上げる活動をしてほしいという話をいただきました。

　たとえば、生徒たちにパルクルをテーマにしたインスタグラムの投稿をしてもらい、その画像がパルクルのクーポンチラシに採用されたことがありました。その他、パルクルで草薙の名店巡りをして紹介する動画を作成したり、パルクルで交通安全を伝えたりしました。それがきっかけで小学生の交通安全教室のプロジェクトも生まれ、その活動がメディアで取り上げられることもありました。

　そのひとつひとつが生徒たちにとっては社会勉強になりますし、地元を知り、地元愛を育むよい機会になったと思います」

　パルクルを中心に広がった輪に若い力が加わったことは、協働者の清水エスパルスにも相乗効果を生み、オリジナルグッズの制作販売など若者との連携活動を後押し。以前からクラブが課題としていた若いファン層の拡大のための施策にもつながっているようです。「産学官民」の４者が理想的に連携した『静岡市シェアサイクル事業PULCLE（パルクル）』は、まだまだ発展していきそうです。

再認識されたJクラブの無形資産
自治体と地元企業が手にした成果

　静岡市のシェアサイクル事業を、清水エスパルスの社会連携活動に発展させた山内さんの情熱は、2021年の「Jリーグシャレン！アウォーズ」でパブリック賞を受賞して目標を達成。協働4者にとっても、目に見えるかたちの成果を手にすることができました。

　もちろん、パブリック賞は成果のひとつにすぎません。山内さんは、「産」としての成果を次のように語りました。

「弊社にとってのパルクルは、単純な収益目的というより、地域活性化やCSR[※2]的な側面が強い事業です。確かに将来的な黒字を視野に入れていますが、まずは地域の方々に便利に利用してもらうことが第一なので、ここまでは着実に市民の間に浸透していることが成果のひとつです。そのうえで、学校との連携や、今回の事業を通して静岡市の多くの部局とつながりができて、社として行政との関係が以前よりも強くなったことも、成果だと思います」

　一方、「官」の立場として連携した静岡市の松岡さんも、多くの成果を手にすることができたと言います。

「今回はエスパルスの無形資産を事業に活用させていただきましたが、行政として改めてその価値を再認識できました。無意識のうちに市民に刷り込まれているエスパルスのイメージがなければ、これほど早くパルクルが浸透することはなかったと思います。

　また、サレジオ高校との連携も収穫でした。高校生たちがこの活動で得た知識や経験は、きっとこの先に進学や就職をした後も、地元意識に何らかの影響を与えてくれるはずです。そんな時、エスパルスが地元にあることや、静岡市がシェアサイクル事業をしていた

※2＝英語の「corporate social responsibility（企業の社会的責任）」の頭文字をとった用語で、企業活動を行うにあたって担う社会的責任

ことを誇りに思ってくれるかもしれません。そういう人材を増やすことも、若者流出という地域課題の解決につながるはずです」

　松岡さんの言う無形資産を提供したエスパルス側も、パルクル事業から発展したこの活動を通じて、多くの成果を得ることができました。2020年8月から高木さんの後任となった鈴木詩織さん（ホームタウン事業部）が、その収穫について話してくれました。

「私たちとしては、試合で地域の方に全力で応援していただいている分、試合のない日は、私たちが地域に恩返しする、もしくはエスパルスが地元にある価値を感じていただくことを大切にしていかなければならないと考えています。そういう意味で、今回の活動を通してこれまでクラブにそれほど関心がなかった方とも、まず接点をつくることができたことが大きな成果になりました。その方々が、いずれはエスパルスのファンになってくれることを期待しています」

　高木さんも、多くの学びがあったと振り返ります。

「僕がパルクルから学んだことは、クラブは使ってもらってナンボであって、どれだけ使ってもらえるかが大切だということでした。そのためには、クラブだけで考えても限界があるので、今回のように企業や行政など、各ステークホルダーのみなさまと手を取り合っ

パルクルを活用した地域活性化について、静岡市役所で提案発表する静岡サレジオ高校の生徒たち（提供:清水エスパルス）

て、お互いの強みを生かして何ができるかを話し合うことが、とても重要だということを学びました。そして、活動が実現したら実現したで、それをどのようにして使い倒すかという意識を持ち、次のステップに循環させていくことも、大切なことだと思います」

高木さんの言葉には、「シャレン！」の理想形と、現在の課題が集約されています。各クラブのホームタウン活動や社会連携活動の多くは、クラブ側からのアクションで行われるものが多く、まだ「Jリーグのクラブを使ってください」というメッセージが各地域の人々に浸透しきっていない現状があります。

そういう意味でも、清水エスパルスの『静岡市シェアサイクル事業PULCLE（パルクル）』は、見本とすべきJクラブの社会連携活動と言えるのではないでしょうか。

The VOICE

山田邦彦先生 静岡サレジオ中学・高等学校教諭

「今回は山内さんからのお誘いで、パルクルの事業と連携させてもらったことによって生徒たちが学校以外の人と関わるよい機会をつくることができ、生徒たちに主体的に考えて社会を変えようとする力がついたと感じています。この活動のように、生徒たちが社会とのつながりを持ち、仲間と一緒にいろいろなことに挑戦していくことで、もっと日本の教育もよくなっていくと思いますし、日本の教育がもっとこういうかたちになってほしいと、個人的に願っています。

そのためにも、主語を生徒に、生徒主導で進める社会連携活動に取り組む機会を増やしていきたいと考えています。もちろん教員もそのための努力をしていく必要がありますし、そういった教育のよい部分を、もっとみなさんにも知っていただきたいです」

利用者の行動履歴を把握できれば
ビジネスやファン拡大の可能性も

　ここまでの経緯を辿っても、この活動にはほとんど課題や問題点が見当たりません。それでも、この先を見据えた場合、まだまだやらなければならないことがあると、高木さんは言います。
「確かに立ち上げからここまでは、ほぼ完璧です。TOKAIケーブルネットワークさんや静岡市にお膳立てしてもらい、押し上げていただいたことで実現した素晴らしい事業、活動だと感じます。

　ただ、僕の中ではまだパルクルを使いきれていないという印象があります。たとえばパルクルにはGPSが搭載されているので、市民の行動履歴を把握できます。クラブとして、そのデータをファン拡大やビジネスチャンスに活用できるのではないでしょうか。つまり、これまでは周りにクラブを使い倒してもらいましたが、これからは僕たちがパルクルを使い倒すフェーズだと思います」

　一方、スタートアップの中心的担い手となった山内さんは、事業面における今後の課題を挙げてくれました。
「社内異動はサラリーマンの宿命なので、次の担当者に引き継いでも立ち上げた当初の熱量が失われないよう、属人的な仕事にならないよう、人材を育てていくことが個人としての課題です。

　事業としては、さらにエリアを拡大して、経済的にもサステナブルな事業にしていく必要性を感じています。現在は車体広告収入も伸びているので、そこにも力を入れていきたいです。そして、もうひとつ個人的な願いを言うと、もっと収益を上げて、いずれはその一部をチーム強化費などクラブに還元できるような事業モデルに成長させていきたいと、密かに考えています」

健康、環境、観光、教育などに
活用することで発展の可能性も

発展

　2020年に産声を上げた静岡市の公共交通インフラ事業『パルクル』は、まだ走りはじめたばかりですが、この事業の優れたところは、山内さんが「産学官民」を揃えたことで、それぞれが『パルクル』を有効活用し、発展させていく可能性を秘めている点です。

　現在ホームタウン活動を担当する鈴木さんは、クラブとしてどのようなアイデアを持っているのでしょうか。

「これからテーマにしたいのは、健康、環境、観光などにパルクルを活用することです。また、静岡サレジオさんとのコラボで学習機会を生むことも実証し、現在さまざまな高校との連携をはじめているので、それも継続したいと思います。

　とくに教育はこれまでもクラブとして力を入れてきた部分で、たとえば『エスプラス』というクラブと静岡市、地元企業、静岡大学が一緒に進めている教育活動があります。その活動も、若い人たちに地元愛を育んでもらうことを目標にしていて、それがいずれは地元の人材流出を防ぐことにつながるのではないかと考えて取り組んでいるところです」

　事業主体の静岡市も、今後に向けた発展の可能性を感じているようです。現在、パルクル事業を担当する望月太貴さん（静岡市役所都市局都市計画部交通政策課主査）は「これからは、通勤や通学などもっといろいろな利用方法が浸透していく可能性を感じています。市民の利便性向上はもちろんですが、行政として観光利用も掲げていますので、訪れた方が"エスパルスの街"だと感じ、乗りたくなるよう、取り組んでいきたいと考えています」と、話してくれました。

そして、TOKAIケーブルネットワークの山内さんは、具体的な構想の一部を明かしてくれました。

「これからは、パルクルの利用によって蓄積したビッグデータを、街づくりのために有効活用していくことがテーマになります。たとえば、静岡市が都市計画を考える時、パルクルのデータを活用すれば、どこに自動車専用道路をつくるべきなのかが可視化できます。そういったパルクルのデータを街づくりのためにインストールすることは、今後に取り組むべきテーマだと考えています。

　また、パルクルのステーションの有効活用も考えていて、無料Wi-Fiスポットにして観光に活用することや、デジタルサイネージ※3を取り入れることも考えられます。そして何より、パルクルは電動自転車なので充電されたバッテリーを積んでいますから、電気の備蓄にもつながります。そのための準備を整えておけば、災害時の公共備蓄電源としての役割も果たせるはずです。

　将来的には、ステーションに太陽光発電施設と蓄電池を設置し、再生可能エネルギーによる給電サイクルを構築すべく、既に検証環境の調査を開始しています。パルクルを起点に、さまざまな新ビジネスを産み出し、地域の発展に寄与していきたいと思っています」

　さまざまな可能性を秘めた『パルクル』ですが、山内さん曰く、この活動モデルを他のJクラブのある地域で応用できるかどうかのカギは「金銭のやりとりがなく、それぞれが持つリソースを持ち合うことにある」とのことです。

　行政と民間企業が地元地域に根ざしたJクラブの強みを最大限に生かした『静岡市シェアサイクル事業PULCLE（パルクル）』。協働者それぞれが次のステップに踏み出すための構想を温めているだけに、今後どのような発展を見せていくのかは、注目に値します。

※3＝店頭や交通機関などさまざまな場所で、ディスプレイなどの電子表示機器を使って情報を発信するメディアの総称

2

いわてグルージャ盛岡

ゴミで繋ぐ未来へのパス、グルージャごみゼロプロジェクト

試合の日にスタジアムで出る大量のゴミをなんとかしたい——。

きっかけは、Jクラブとして持続可能な興行を進めるべく

課題解決を図るためのひとつの「点」にすぎなかった。

その「点」が、環境、農業、子ども支援をつなぐ「線」となり

やがてその「線」は、地域を豊かにする大きな「輪」となった。

提供：いわてグルージャ盛岡

いわてグルージャ盛岡WEBサイト内ホームタウン活動紹介ページ
https://grulla-morioka.jp/hometown/#overviewSec

『ゴミで繋ぐ未来へのパス、グルージャごみゼロプロジェクト』

目的

持続可能な興行・試合日のゴミを削減

岩手県のJクラブ
いわてグルージャ盛岡

スタジアムで
回収した
『edish』

堆肥化肥料を
活用した
グルージャ米の
販売依頼

グルージャ米
提供・配達

循環型食器
『edish(エディッシュ)』

堆肥化肥料

販売用
グルージャ米の
一部を
子ども食堂
支援活動に寄付

ゴミゼロプロジェクト → **グルージャ米プロジェクト** → **子ども食堂**

総合商社 丸紅	畜産会社 うしちゃんファーム	スーパーマーケット ベルジョイス	特定非営利活動法人 まちサポ雫石

［協働者］
丸紅株式会社、農業生産法人有限会社うしちゃんファーム、矢巾町、株式会社ベルジョイス、
雫石町、サポーター、特定非営利活動法人まちサポ雫石

ホームゲームのスタジアムで出る 軽トラ４台分のゴミを減らしたい

　スタジアムのゴミをなくすための活動を起点に、米づくりや子ども食堂支援という既存の活動を連結させて、見事な循環型プロジェクトをつくり上げた『ゴミで繋ぐ未来へのパス、グルージャごみゼロプロジェクト』。SDGsの観点から見ても、パーフェクトとも言えるこの活動は、どのようにして生まれたのでしょうか。プロジェクトのキーパーソンで、当時のいわてグルージャ盛岡ホームタウン担当の福田一臣さんが、その発端を振り返ってくれました。

「持続可能な興行を続けるためにも、試合日にスタジアムで出てしまう軽トラック約４台分のゴミを何とかしたいと、日頃から考えていました。そんな折、今回の活動のパートナーとなってくれた丸紅さんから循環型食器のお話をうかがい、それを活用すればゴミを減らせるのではないかと考えるようになったのが、スタートです」

　一方、大手総合商社の丸紅で、SDGsの分野における新ビジネス開拓に取り組んでいたのが、丸紅株式会社パッケージ事業部パッケージ事業課担当課長の簗瀬啓太さんでした。

「弊社のビジネスコンテストで私が提案し、会社から予算をもらってつくったのが循環型食器『edish（エディッシュ）』です。当時はこれを使ってもらえる相手を探していたのですが、東北支社からグルージャさんは環境意識が高く、スタジアムで使ってもらえるのではないかと聞き、福田さんを紹介してもらいました。すぐにミーティングをさせていただき、話を進める運びとなりました」

　後に大きな輪を広げていくことになったこの活動のはじまりは、お互いSDGsを考えていた２人の出会いにありました。

持続可能な興行を目指す中で ゴミ処理のモデルづくりを推進

　この活動は、循環型のスキームに到達するまでに３つのステップを踏んでいます。ひとつ目のステップは、エディッシュを使ってスタジアムのゴミを減らし、堆肥化すること。２つ目は、それを以前から推進していたグルージャ米の肥料として使うこと。そして３つ目に、堆肥化した肥料で収穫したグルージャ米を、クラブが行っていたこども食堂の支援活動に活用することです。

　ただ、２つ目以降の活動に連結させたのは、１つ目のプロジェクトが走り出してからのことで、最初から視野に入れていたわけではなかったことを、福田さんが明かしてくれました。

「まず、クラブとして持続可能な興行を目指すことが、このプロジェクトにおける当初の目標でした。Ｊリーグは百年構想という大きなテーマを掲げていますが、試合をする度にこれだけ多くのゴミを出し続けてしまうのでは、それこそ百年先まで続けることはできないでしょうし、いずれはゴミが出るなら試合をしなければいい、無観客で十分だ、と言われてしまいかねません。

　ですから、１年目からマネタイズや収益を考えず、まずは自分たちの手で見本となるようなモデルをつくり上げて、工夫をすればスタジアムのゴミを減らすことができることを証明したかったというのが、この活動を進めるうえで、大きな目標でもありました」

　スタジアムグルメは、ファンにとっては試合会場における楽しみのひとつです。しかし運営側にとっては、ゴミ処理費用を含めて大きな課題になっていました。そういう意味で、福田さんの挑戦は、すべての分野の興行にも通じるモデルケースと言えます。

内容

循環型食器から生まれた肥料を 米づくりと子ども食堂の活動に活用

　福田さんと簗瀬さんが最初に取り組んだのは、スタジアムで使ったエディッシュを堆肥化するまでのプロセスでした。しかし、堆肥化までの循環には大きなハードルがあったようです。

「当初我々が考えていた循環システムは、スタジアムに堆肥装置を設置することでした。しかし、Jリーグの試合は基本的に２週間に１度しかないので、装置の稼働率を考えるとコスト的に難しくなってしまいます。そこが最初の課題でした」（簗瀬さん）

　その課題を乗り越えるために動いたのが、福田さんでした。

「装置の問題をクリアするために、行政や県内のリサイクル業者さんにアドバイスをもらって、堆肥化の工程を調査するところからはじめました。その後は、岩手にあるゴミ処理施設やリサイクル系の会社などに、それこそ片っ端から電話しました（笑）。ただ、正直に言うと、そのほとんどが門前払い。前例がないからです。

　それでも簡単に諦めたくなかったので、とにかくめげずに電話をし続けたところ、もともとSDGsの取り組みをされていた石巻市の『うしちゃんファーム』さんがヒットしたというわけです」

　簗瀬さんも舌を巻いたという福田さんの行動力によって畜産会社にエディッシュを堆肥化してもらうことが決まり、まずは２人を悩ませていた最初の壁を突破。そして、最初のミーティングから半年弱が経過した2021年６月には、実際にエディッシュをスタジアムグルメの店舗で使用するまでに漕ぎつけました。活動の実施内容について、福田さんが説明してくれました。

「最初から有償で進めると難しいと考え、簗瀬さんにお願いしてト

スタジアムグルメで使用されたエディッシュ。店舗やサポーターからの理解も得られたという（提供：いわてグルージャ盛岡）

ライアル期間を設けて無償でスタートすることにしました。トライアル後も、それまで使っていたプラ容器の価格に合わせていただくように抑えてもらえたので、スタグルの店舗さんも導入しやすい環境がつくれたと思います。あとは、店舗さんだけでなく、サポーターの方にもエディッシュを使う目的や堆肥化することの意味を理解してもらわなければいけないので、説明のためのブースも設置しました。幸い、岩手の県民性もあり、予想以上のスピード感でみなさんにご理解をいただけて、回収もスムーズにできました」

エディッシュによって、クラブのごみ処理費用を削減できただけでなく、サポーターにゴミ問題に対する当事者意識を持ってもらえるようになったことは、この活動の大きな収穫となりました。

ただ、福田さんはそこで足を止めず、次のステップとしてこの活動をグルージャ米プロジェクトと連結させることにしました。「うしちゃんファームさんに堆肥化してもらった堆肥を販売することも考えましたが、それよりもクラブがその年からはじめた雫石町でのグルージャ米の活動に使う方が、自分たちの興行で出したゴミの堆肥の活用方法として美しい循環がつくれると考えました。そこで、グルージャ米の活動で連携している米農家の下黒沢今朝雄さん

に相談し、その肥料を使うことが決まりました」（福田さん）

　こうして、エディッシュにはじまったゴミゼロプロジェクトが、その堆肥を使ったグルージャ米に連結。収穫したお米は、クラブのオフィシャルサプライヤーでもある地元のスーパーマーケットチェーンのベルジョイスに販売を依頼した他、地域にお金を落とすために雫石町のふるさと納税に登録し、県内子ども食堂への寄付にも活用しました。株式会社ベルジョイスサブマネージャーの佐々木朱夏さんが、当時の苦労を語ります。

「私どもはホームゲーム開催時に差し入れというかたちでグルージャさんをサポートしているのですが、コロナ禍により通常の取り組みができない中、何かしらクラブをサポートすることができないかと考えていたところ、この話を福田さんからいただきました。

　ただ、私どもとしても売る側としてお客様に間違いのない商品を提供しなければいけないので、他のお米と同様に、グルージャ米にも品質保証が必要になります。ですので、福田さんには下黒沢さんの取引先に協力してもらって検査資料を揃えてほしいとお伝えしました。そもそも弊社にとっても前例のないことだったので、そのハードルをクリアするまでには、相当な苦労をしました（笑）」

　下黒沢さんの協力に加え、佐々木さんの上司が積極的に取り組んだこともあり、堆肥を使ったグルージャ米の販売が実現。店頭ではエディッシュの活用からお米づくりまでの映像がサイネージで流され、クラブ側もSNSなどオウンドメディアを活用して宣伝したことで、予想以上の反響と売上につながったようです。

　そして、いよいよスタジアムのゴミゼロプロジェクトは、最終フェーズに突入します。仕入れの7割を売り切ったベルジョイスが、残りの3割を地元のこども食堂に寄付。そのバトンを受け、福田さ

エディッシュから生まれた堆肥を使ったグルージャ米は県内の子ども食堂にも届けられた（提供：いわてグルージャ盛岡）

んが県内の子ども食堂支援につなげました。

「ベルジョイスさんから、子ども食堂支援活動にも使ってください
という提案があり、買っていただいたグルージャ米を県内6ヶ所の
子ども食堂に届けることができました」（福田さん）

　協力してくれたのは、以前からクラブと連携していた特定非営利
活動法人まちサポ雫石理事長の櫻田七海さんです。

「私たちは雫石のまちづくりを支援しているNPOなので、子ども
食堂以外に、地元の農家さんのお手伝いとしてグルージャ米にも関
わっていました。福田さんとも一緒にお米のプロジェクトに関わっ
ていたので、子ども食堂の支援についてはスムーズに進めることが
できたと思います。ただ、ベルジョイスさんに納品するまでに時間
がなく、精米やラベル貼りなどの作業が大変でした。佐々木さんと
も、よく当時のことを"令和の米騒動"と呼んでいるくらいです（笑）」

　日頃からクラブを取り巻く人たちの協力を受けたことで、ついに
すべての活動の連結がコンプリート。櫻田さんの子ども食堂でカレー
ライスを提供し、福田さんや選手たちは各所の子ども食堂にグルー
ジャ米を届けました。紆余曲折はありましたが、福田さんの情熱と
多くの人の手助けが、最終的に実現のカギになったようです。

スタジアムゴミの削減を起点に
農業や子育てにも輪が広がった

　自らの社内提案から生まれた循環型食器『エディッシュ』を、岩手の地にインストールすることに成功した丸紅の築瀬さんは、この活動を通して大きな発見と収穫があったと振り返ります。

「今回の活動は、ゴミを減らすためにはじめたプロジェクトをきっかけにして、人と地域をつないだ素晴らしいモデルケースだと思います。これを実現できたのは、地域に根ざし、みなさんに応援してもらっているグルージャさんの存在があるからこそで、改めてJリーグのクラブが地域に存在する価値を感じました。

　エディッシュに興味を持ってくれる方はいますが、コストがかかる、手間がかかるなどと言われて話が立ち消えになることが多く、本気で社会課題を解決しようとしている人が少ないことを思い知らされていました。ただ、この活動に関わったことで、社会や未来のことを本気で考え、行動に移している人がいることを知ることができて、すごく励みになりました。我々は営利企業なので、今後は利益を上げられる仕組みを構築しなければならない立場ですが、まずは今回のグルージャさんのプロジェクトに関われて本当によかったと思えたことが、いちばんの成果だと思っています」

　自分たちの手で見本となるモデルをつくるという当初の目標を達成した福田さんは、どのような成果を手にしたのでしょうか。

「いろいろな方の協力を得られたことで、最初はゴミと環境をつなげて、次に環境と農業をつないで、最後に農業と子育てをつないで、それぞれの活動がガチッと合わさって、大きな輪となる社会連携のかたちをつくることができました。アウォーズで賞を受賞したこと

でメディアでの露出も増えましたし、クラブとしても多くの成果を上げることができたと感じています。

　また、櫻田さんもそうでしたが、我々のホームタウン活動に関わっていただいた方の中には、最初はグルージャが何をしている団体なのかを知らない方もいましたが、いまでは子ども食堂で出会った子どもたちも含め、多くの人がスタジアムに来てグルージャを応援してくれるようになりました。今回も、そういった地域とのつながりがクラブの財産になることを感じることができました。

　個人的にいちばんうれしかったのは、開幕戦で『あなたの夢を叶えます』という企画の募集をかけた時、子ども食堂に参加してくれた小学３年生の子が『試合日にグルージャのスタッフとして働いてみたい』と応募してくれて、体験が終わった後に『将来はグルージャのスタッフになりたい』と言ってくれたことです。子どもは選手に会いたいなどと書くものだと思っていましたが、その子にとってグルージャが必要とされているんだと、思わずグッときてしまうほどうれしい出来事でした」

The VOICE

今野弘之さん　有限会社うしちゃんファーム

「突然電話をもらった時は驚きましたが、弊社でもSDGsの取り組みをしていたので、サッカーと環境という普通は交わらないようなジャンルに挑戦したいと思いました。循環型食器を堆肥にする工程は技術面で大変なうえ、コロナ禍の中で行う遠隔作業に苦労をしましたが、畜産業とサッカーチームのコラボが斬新だと、同業からも称賛していただけていますし、今後もバージョンアップさせたいと考えています」

事業化の壁を乗り越えるには 地域に根ざしたＪクラブが必要

課題

　一度完成したモデルをどのように維持して、よりよいかたちに育てていくかは、どの活動についても共通した課題になります。理想的な循環型モデルを構築した『ゴミで繋ぐ未来へのパス、グルージャごみゼロプロジェクト』に関わった協働者も、それぞれ今後に向けた課題を語ってくれましたが、その中でもビジネス化に向けて大きな壁を感じているのが、簗瀬さんでした。

「今回のグルージャさんとの活動が実現したことをきっかけに、他でも話を進めているところはありますが、実際は、エディッシュを使ってあげるからスポンサー料を、という話になってしまうのがスポーツビジネスの世界なので、なかなか前には進みません。また、本来は我々が循環のところも手配しますと言えなければいけないのですが、我々がその地域に根ざしていないため、事情も分からず、人とのつながりもない。そこも、大きな課題だと思います。

　これは今回の活動を通して痛感したことですが、やはりこういった地域プロジェクトを実現させるためには、どうしても福田さんのような人が必要なんだと思います」

　いわてグルージャ盛岡がつくり上げたこの循環型モデルは、他の地域のＪクラブでも応用できる活動です。そういう意味で、大手総合商社としてＳＤＧｓに取り組もうとしている簗瀬さんの前に立ちはだかる大きな壁を取り払ってあげられるのは、その地域に根ざしたＪクラブの役割、使命なのかもしれません。今後、Ｊリーグが持続可能な興行を続けるためにも、同じような活動が、より多くの地域で実現することを願うばかりです。

広がる循環器型食器の使用
他クラブでの導入が次の使命

　当初の目標を上回る成果を上げることに成功した福田さんですが、その後も初年度（2021年）の活動をさらにバージョンアップさせているようです。

「最初はスタジアムグルメだけで使っていた循環型食器ですが、2022年はビールのコップにも使っていますし、スタッフ用のお弁当にも導入できるように調整しています。このモデルのよいところは、拡張させたり、発展させたりできる部分だと思っているので、もっとゴミの削減を進められるのではないかと期待しています」

　また、これからはこの循環モデルを他のクラブでも導入してもらえるようにすることが、自分の使命だと言います。

「他クラブからの問い合わせも多く、その都度、説明する時間を設けたり、オンライン勉強会を開催したりしています。

　その際もお話ししていますが、今回の活動で僕がいちばん大切にしたのは、誰と組むかということでした。同じ価値観を持っている人を見つけ、その人の視線がどこに向いているのかを大切にしながら進めてきました。はじめからビジネスありきの方と進めていたら、きっとうまくいかなかったと思います。シャレンの活動はすぐに結果が出るものではないですし、ゼロからプロジェクトをはじめようとするとすごくエネルギーを使うので大変ですが、シャレンという言葉が身近なところで聞こえる社会になれば、もっと世の中は明るくなるのではないかと考えています。シャレンの活動は最初にやった人が偉いのではなく、2番目に実行する人がすごく重要なので、ぜひ多くのクラブに真似してほしいと思っています」

1

Y.S.C.C. 横浜

寿町自己啓発プロジェクト

提供：Y.S.C.C.横浜

大都市横浜の中心部の一角に、戦後日本の経済成長を支えた
日雇労働者の街がある。日本三大簡宿街のひとつ、寿地区。
そこには、貧困と高齢化問題という社会課題があった。
同じ横浜市をホームタウンとするY.S.C.C.横浜は
彼らが抱える社会課題に目を向け、正面から取り組んでいる。

（文中敬称略）

地元の中区寿地区が抱える社会課題に
Y.S.C.C.横浜が正面から取り組んだ

　横浜中華街や元町といった横浜屈指の名所に隣接する寿地区は、東京の山谷、大阪のあいりん地区と並ぶ「日本三大簡宿街」のひとつとして知られる。簡宿とは、主に日雇労働者が利用する簡易宿泊所のことで、横浜市中区寿町周辺には120軒以上が建ち並ぶ。

　大都市の一角に日雇労働者の街が形成されるようになったのは、1950年代半ば（昭和30年代）のこと。世界有数の貿易港を持つ横浜では当時から港で働く労働者の需要が高く、公共職業安定所の移転先となった寿地区は、港から近いという立地条件も重なって、港湾労働者が集まるエリアとして定着していった。

　ただ、日雇労働という雇用形態は景気の影響を受けやすく、日常的に貧困と背中合わせだ。時代の移り変わりの中で、寿地区の労働者の需要は港湾の仕事から土木建築工事の仕事へとシフトしたが、1990年代のバブル崩壊の影響もあり、彼ら日雇労働者たちの貧困問題は深刻化する一方だった。しかも近年は、寿地区でも高齢化問題が顕在化していた。

　そんな多くの問題に直面する彼らに、いかにして貧困を乗り越えながら健康を取り戻してもらうか。そのことが、この地域における社会課題として見られるようになっていた。

　Y.S.C.C.横浜が、現在も継続して取り組む『寿町自己啓発プロジェクト』は、地元の横浜市中区にある寿地区が抱える課題に目を向け、その解決の一助となるべくはじまった社会福祉活動だ。

　ともすれば、人々が目を背けてしまいがちな社会課題に対して、なぜY.S.C.C.横浜は正面から取り組むことになったのか。そこには、

かつてサッカー仲間でもあった２人の交友関係があった。

きっかけはかつてのサッカー仲間
ボランティアから活動がはじまった

　Y.S.C.C.横浜U-12の監督を務める伊藤貴亮は、現在も足しげく寿地区に通い、『寿町自己啓発プロジェクト』を推進している。いわばプロジェクトのけん引役のひとりだが、この活動がはじまる以前には、クラブの所在地でもある中区本牧の町内会館で高齢者向けの肩こり体操の指導をしていたことがあった。

　そんな伊藤の活動をSNSで知ったのが、横浜市寿町健康福祉センター職員の出口淳一だった。かつて２人はともにボールを蹴り合った旧知のサッカー仲間で、当時から寿地区の住民に対する自己啓発の取り組みを進めていた出口は、伊藤が高齢者に教えていた肩こり体操を応用できるのではないかと考え、さっそくアプローチした。

　出口からの依頼を受けた伊藤が述懐する。

「最初に出口さんから依頼されたのが、アルコール依存症の方を対象とする健康体操教室でした。ちょうど私たちがJFLからJ３に参加することになった2014年のことで、まだこの活動がプロジェクトとしてスタートする以前の話なので、当時は個人的なボランティア活動として協力していました。

　ただ、私は東京育ちの人間なので、寿地区のことはほとんど知らなかったうえ、アルコール依存症の方に体操を教えるのは初めての経験でしたから、いろいろと不安はありましたね。実際、体操教室をやってみたら、参加者がまったく体操をしてくれなくて大変でした。椅子に座ってずっと携帯電話をいじっている人もいれば、僕の目の前で寝ている人もいましたから（笑）。

その人を起こして注意すべきなのかも分からないし、どうすれば僕の話を聞いて体操をしてもらえるのかも分からないし、とにかく最初の頃は試行錯誤の繰り返しでした」

最初から大きな衝撃を受けた伊藤だったが、それでも参加者に興味を持ってもらえるような工夫をこらし、不定期ながらも健康体操教室は継続した。さらにその合間を縫って、出口がはじめていた寿地区幼稚園児のサッカー教室にも協力するようになった。

伊藤と寿地区は、切っても切れない関係性になりつつあった。

Y.S.C.C.横浜創設の理念に沿って 代表者の決断により活動が体系化

そんな中、Y.S.C.C.横浜の代表者である吉野次郎理事長が、伊藤の活動をクラブとして体系化することを決断する。そして2017年、三畳一間の簡易宿泊所で暮らす彼らが部屋でできる健康体操教室、百均グッズを使って10分でできる簡単料理教室、食べるための健康な歯を維持するための口腔ケア講座の3本を1セットとする『寿町自己啓発プロジェクト』がスタートする運びとなった。

活動は、翌2018年から3本1セットを年2回、そして2021年からはそれを月1回のペースで実施するようになり、プロジェクトの規模は少しずつ拡大していった。

吉野がこのプロジェクトに力を入れる背景には、Y.S.C.C.横浜がクラブとして掲げる明確なビジョンがある。

「我々は1986年に創設されたスポーツクラブですが、横浜サッカー＆カルチャークラブというクラブ名からも分かるように、ひとつの企業に頼らずに、サッカーをはじめ、いろいろなスポーツや英会話教室なども含めて、地域の子どもたちの健全育成や市民の健康をキー

ワードに活動してきました。

　そもそも、学校開放のグラウンドや公園などをお借りできるから
こそ、我々は大好きなサッカーをできるのであって、そこには誰か
しらの許可をもらっているわけですから、我々としてはスポーツ活
動を通して地元地域に恩返しをしたいという考えの下で、日頃から
活動をしています。

　そういう意味で、このクラブのモットーでもある地域連携のひと
つとして、我々のホームタウンでもある寿地区が抱えている課題解
決に取り組むことは当たり前のことだと思いますし、彼らが健康に
なってほしいという願いを込めて、この活動を続けています」

　8年前に伊藤が最初の健康体操教室で味わった衝撃を考えれば、
まさかそのボランティアをきっかけにはじまった活動がここまで発
展するとは、誰が想像しただろうか。

　しかも現在は、健康体操、栄養と簡単調理、口腔ケア教室の活動
に加え、ウォーキングサッカーやノルディックウォーキングなど、
屋外運動にまで活動範囲を広げている。当然ながら、Y.S.C.C.横
浜の『寿町自己啓発プロジェクト』が寿地区住民の定期イベントと
して定着したことで、参加者や協力者も増えていった。

寿地区に定着したプロジェクトが
多くの参加者と協力者を巻き込む

「私たちは、クラブ栄養管理士さんによる栄養講座の際に、弊社の
『1日分の野菜ジュース』を提供させていただいています。もとも
と我が社は地元密着型の営業を日々させていただいていますので、
Y.S.C.C.さんのこのような活動のお話をうかがって、弊社として
もそれに賛同し、喜んで協力させてもらっています」

株式会社伊藤園新横浜支店の大西信輔副支店長は、Y.S.C.C.横浜の福祉活動に協力することについて、むしろ感謝している。とりわけ栄養講座で参加者たちから「いつも飲んでいるよ！」と声をかけられることに喜びを感じ、さらによい商品をつくらなければいけないという使命感も湧いてくるという。

　寿地区からほど近い中区山下町にある、障がい者就労継続支援施設Ｂ型事業所「クローバー」の管理者を務める山田聖也は、寿町健康福祉交流センターで自己啓発講座を担当している工藤健からの誘いで、事業所利用者とともにウォーキングサッカーに参加するようになった。

「うちの事業所は養護学校を卒業したばかりの10代をはじめ、20代の利用者が多いこともあり、以前から福祉とスポーツを絡めた活動が何かできないかと考えていました。そんな時、寿地区のウォーキングサッカーのお誘いをいただき、みんなで参加するようになりました。学校を卒業すると体を動かす機会が少なくなってしまうので、利用者にとっても貴重な機会になっています。

　それと、年齢層が高めの寿地区の事業所利用者さんとの交流が生まれたことも大きいですね。うちの事業所には寿地区以外の利用者もいますが、年齢や地区の壁を越え、一緒に体を動かすことで利用者同士のコミュニケーションも生まれました。福祉の人間だけが頑張っても難しい部分にY.S.C.C.さんというJリーグのクラブが歩み寄ってくれて、このような関わりを持ってもらえた。そのことを、本当に感謝しています。

　障がいがあろうとなかろうと、寿地区の人であろうとなかろうと、いろいろな人が一緒に活動することが当たり前になる。共生社会を考えるうえでも、とても大事なことだと感じています」

福祉関係の大学で学び、父親が立ち上げた事業所を管理する山田は、まだ25歳だ。日頃から『寿町自己啓発プロジェクト』の活動に参加協力するY.S.C.C.横浜の選手たちのパーソナリティに惹かれ、こういった性格の人たちが福祉業界に来てもらえたらどんなに頼もしいことかと、人材確保の問題も考えるようになったという。

サッカーボールで笑顔になれる
寿地区のウォーキングサッカー

継続は力なり、とはよく言うが、まさにY.S.C.C.横浜の社会福祉活動も、長く続けてきたことによってさまざまな人に好影響を与えるようになった。

寿地区にあるアルコール依存症の回復施設、第2アルク生活訓練センター施設長の加藤靖も、Y.S.C.C.横浜の活動に参加する人たちから見てとれる変化を実感するひとりだ。自らの施設から参加した人たちが伊藤の目の前で居眠りをしていた当時の風景を懐かしく思い出しながら、利用者たちに起こった変化を語った。

「最初に出口さんの呼びかけで参加していた施設利用者も、当初は健康に無関心というか、たとえば料理教室に参加しても、ただ試食だけして帰っていくようなところがありました。

私たちの施設は、お酒を止めて半年から8ヶ月くらいの人が利用しているのですが、最初の半年間は生活保護のお金でどうやって1ヶ月を過ごすか、ということがテーマになります。そこで伊藤さんや出口さんに、施設利用者の目線に立った料理教室を考えてほしいと相談させてもらいました。するとクラブの管理栄養士さんが、百均ショップで売っている器具を使って電子レンジで簡単にできる野菜の調理法を紹介してくれたのですが、それをきっかけに参加者たち

が少しずつそれを実践するようになり、お互いに情報交換もするようになりました。健康体操教室もそうですが、続けることによって体を動かすことの大切さを理解し、自分の体が動くようになることに喜びを感じてもらえるようになり、かつてサッカーをやっていた人などは、童心に戻って楽しそうにボールを蹴っています（笑）。

　そうそう、以前にうちの施設の利用者と私が、Y.S.C.C.さんの監督や選手たちと一緒にウォーキングサッカーをやった時、僕のアシストで利用者がゴールを決めたことがありましてね。日頃は先生と生徒のような関係なのですが、そのときは同じプレーヤーとして一緒にゴールを喜び合えた。あの一体感というのは忘れられません。一生の思い出になっています。

　以前に吉野代表から『サッカーボールひとつで世界は笑顔になれる』という言葉を聞いたことがあったのですが、本当にそうですね。あの時みんなが笑顔になれて、本当にうれしかったです」

　伊藤をきっかけに、Y.S.C.C.横浜が関わるようになって、寿地区の何が変わったのか。自らそのきっかけをつくり、現在も伊藤とともに積極的に活動を推進する出口が語る。

「私はここの職員として寿地区にいる人間なので、正直、何が変わったのかは実感できていないのかもしれません。最初の健康体操教室で居眠りをする人がいても、やっぱりな、と思いましたしね（笑）。ただ、我々としては、健康体操もウォーキングサッカーも園児サッカーも、みんなが笑顔になって、少しでも元気になってくれたらいいなと思って続けているだけです。

　大変だったのは、直接指導をしてきた伊藤さんだと思います。ほとんどの人が入ってくるのを躊躇するこの場所に入って来てくれて、深く関わってくれた。それが、いちばんうれしいですね」

社会連携活動のあるべき姿とは？
Y.S.C.C.横浜の活動の課題と成果

　日頃からJクラブが実施している社会連携活動はさまざまで、目に見える成果を得られる活動もあれば、成果が見えにくい活動もある。おそらく『寿町自己啓発プロジェクト』のような社会福祉活動は後者にあたるのかもしれない。しかし、だからこそ周りの"気づき"が必要とされている活動とも言える。

　Y.S.C.C.横浜代表の吉野が強調する。

「我々がやっているスポーツを通じた社会福祉活動は、本来であれば行政がやるべき仕事だと思っています。ところが、残念ながら横浜市にはこういった活動に対する助成制度も不十分で、結局は自分たちでスポンサーを探して継続するしかありません。そういう意味では、少し残念な気持ちはあります。どうしてもクラブの持ち出しでやらざるを得ないので、この場を借りて『スポンサーを大募集しています！』と伝えておきたいですね（笑）。

　そして行政の方には、我々が地道にこういった活動を続けているのですから、せめて天然芝のグラウンドで練習させてほしい、と伝えたいです。我々に芝のグラウンドを無料で使わせてもらえるだけでも、行政、民間、住民という本来の社会連携の姿になっていくと思いますし、それがこの活動の理想形だと考えています」

　これまで積極的にこの活動に関わってきた伊藤は、最近自身の中に感じる小さな変化に気づきはじめたという。

「私はサッカー指導者としてクラブに所属している意識が強かったので、この活動をはじめた頃は、指導以外の活動に対してあまり前向きではなかったというのが、正直なところでした。

でも、この活動を通して、指導対象が自分よりも上の高齢者の方や運動に興味がない方にも指導をしなければならないとなった時、何かしらの工夫をしなければならないことを知る機会になりました。結果的にそれがサッカーの指導に通ずるものがあって、指導者としての懐が少し深くなったかな、と感じています。

　それと、代表の吉野もよく言っていますが、本来この活動はクラブのスタッフ全員が関わるようにならなければいけないのですが、実際は私を含めて２人しか参加できていないのが実情です。とくに専門知識や技術がなくてもできることなのですが、やはり最初の私がそうだったように、いかにして一歩目を踏み出せるかでしょうね。その一歩さえ踏み出せれば、また違う世界が広がると思います」

　毎月１回実施している『寿町自己啓発プロジェクト』では、参加者にスタンプカードが渡されている。参加者は、参加するたびにそのカードにスタンプを押してもらうのだが、その数が一定の回数に到達すると、Y.S.C.C.横浜の選手やスタッフが使っていたユニフォームや練習着がプレゼントされる。

「参加者にとって、スタンプはモチベーションになっているようです。スタンプの数を集めて、いまではみんなが喜んでユニフォームを着て街を歩いていますよ。そういう意味で、最初の頃はほとんど知られていなかったY.S.C.C.さんのことも、伊藤さんや選手が参加してくれることで、じわじわこの街に浸透してきています。

　なにせ、この界隈でマリノスやフロンターレのユニフォームを着ている人を見かけたことはありません。ここ寿地区は、Y.S.C.C.横浜の街ですから（笑）」

　この活動の言い出しっぺでもある出口は、胸を張って、満面の笑みでそう言った。

3

FC琉球

県産品＆
子ども応援プロジェクト

コロナ禍で困っている地元の人たちをサポートするために
地域に根ざしたJクラブの強みを生かすと何ができるのか？
2021年からFC琉球が取り組んだこのプロジェクトでは
地元企業と手を取り合って、沖縄特有の社会課題に着目。
生産者の方や貧困に苦しむ子どもたちの支援を実現した。

提供：FC琉球

FC琉球　県産品＆子ども応援プロジェクト特設WEBサイト
https://fcryukyu.com/kensanhin/

CHART 『県産品＆子ども応援プロジェクト』

目標

コロナ禍で困っている地元の人の支援

沖縄県のJクラブ
FC琉球

発信力・PR力 →

スポンサー企業
イオン琉球

← 商品開発力
販売力

県産品流通促進
県産品購入

食育教室開催

**地元の
農水生産者**

「琉球応援弁当」を
選手が直接配布

「琉球応援弁当」の
売上の10％を寄付
（46万8984円）

ホームゲーム
招待

沖縄県委託事業
**おきなわこども未来
ランチサポート**

［協働者］
イオン琉球株式会社、おきなわこども未来ランチサポート（沖縄県委託事業）、
東京バス株式会社、沖縄県商工労働部

活動紹介 3 FC琉球

観光業、農水産業……コロナ禍で 困っている人たちの手助けをしたい

　話は、沖縄県がコロナ禍による経済的打撃を受けていた2021年2月に遡ります。沖縄は観光立県ですので、観光客の足が途絶えたことでホテル業や飲食業が直接的な影響を受けました。同時に、目に見えにくいところでは、観光産業と深く結びついている地元の農水業に従事する人たちへの影響も、深刻なものがありました。

　その話を耳にして、「地元のJクラブとして、コロナ禍で困っている人たちに何か手助けはできないか」と考えたのが、FC琉球常務執行役員事業本部長の荻原直樹さんでした。
「Jクラブとしての発信力を生かし、選手の稼働、テレビ番組、オウンドメディアを使って県産品のプロモーションに貢献できるのではないかと考えたのが、活動の発端です。

　また、プロモーションにとどまらず、実際の流通を促進するためにFC琉球オフィシャルパートナーでもあり、地域社会貢献活動に積極的なイオン琉球さんに相談する中で、県産品を活用したお弁当を販売する企画が生まれました。同時に、以前より県内の社会課題となっている子どもの貧困問題もあったので、子ども食堂に県産品でつくったそのお弁当を届けられないか、と考えました。

　ちょうどコロナの支援活動に対する助成金の話もありましたので、それも活用させてもらいました」

　荻原さんから相談を受けたイオン琉球側も、クラブとの新しい取り組みに賛同。地域に根ざしたJクラブが、日頃からサポートを受けているスポンサー企業と手を取り合って、困っている地元の人たちを助けたいという想いが、この活動のはじまりでした。

農水産業従事者のサポートと子どもの貧困問題への手助け

　この活動の目的は主に２つありました。ひとつは、コロナ禍で困っている地元の農水産業に従事している人たちをサポートすること。もうひとつは、子どもの貧困問題に対して手助けすることです。

　とくに沖縄では、かねてより子どもの貧困が社会課題とされていましたが、コロナ禍によってさらに状況が悪化。学校が休校になったことで給食が食べられなくなったり、外出制限により自由に出かけられなくなったことで引きこもりになったりと、食事、健全な発育や教育など、さまざまな問題がクローズアップされました。

　そこで荻原さんは、この２つの目的を同時に達成するためのスキームを考えました。

「県産品をただPRするだけでは一過性のものになってしまうので、県産品のよさを子どもたちに伝え、親しんでもらうことが将来につながると考えました。また、コロナ禍で外に出られなくなった子どもに、少しでも夢や目標を持つことの大切さを伝えたい、子どもの自立支援にも役立ちたいと考えて、活動を計画しました」

　協働者のイオン琉球担当者の深田麻衣さん（イオン琉球株式会社社長室特命担当）は、今回の活動に参加した理由について、次のように語ってくれました。

「これはイオンの企業理念でもありますが、私たちイオン琉球ではこれまでも沖縄の企業として県の抱える課題に取り組んできましたので、SDGsも含めた社会貢献活動の一環として賛同しました。地元の課題である子どもの貧困問題に対してFC琉球さんと取り組む今回の活動は、私たちとしても新しいチャレンジになりました」

県産品のプロモーションを端緒に「応援弁当」を子ども食堂に配布

『県産品＆子ども応援プロジェクト』として実施した具体的な活動は、①県産品のプロモーション、②県産品活用レシピの開発・紹介、③琉球応援弁当の開発・販売、④琉球応援弁当の子ども食堂への配布、⑤子どもたちと選手との交流、という5本立てでした。

まず、県産品のプロモーションは、FC琉球とイオン琉球が持つメディアやコンテンツを最大限に活用し、コロナ禍の影響を受けて困っている農家や漁師を選手が訪ねてその実態を伝えた他、県産品を使った琉球応援弁当の開発過程、県産品を使ったアスリートや発育世代の子どもに向けたレシピ紹介などを、地上波番組やインターネット上で配信。観光に頼りすぎない県産品の流通促進を図りました。

また、選手と子どもたちが参加する食育教室も開催し、子どもたちに県産品を知ってもらい、親しんでもらう機会と、選手との交流の場を設けました。

そして今回の活動の最大のカギとなったのが、イオン琉球とのコラボ企画「琉球応援弁当」の開発と販売です。販売する以上は、担当者の熱意だけでは話は進みません。企業として利益計算というハードルをクリアしなければ、社内承認を得られないからです。そこが最も苦労した点だと、深田さんは振り返ります。

「県産品中心にお弁当をつくるとなると、どうしても原材料が高くなるので販売価格が高めになってしまいます。しかも初めての試みということもあって、最初の頃は社内で反対の声もありました。ただ、県産品や子どもたちの支援でもあるというコンセプトを理解してもらい、何とか500円で販売するまでに漕ぎつけました」

このプロジェクトでは、店舗販売した琉球応援弁当の売上の10％を寄付金として子ども支援に活用した他、計5000食分を地元の子ども食堂に配布。いずれも、沖縄県委託事業「おきなわこども未来ランチサポート」を通じた、地元の子どもを支援するための活動に活用されました。

さらに、子どもたちと選手との交流活動の一環として、FC琉球のパートナー企業の東京バスの協力により、子どもたちをホームゲームに招待。参加した子どもたちは、スタジアムで琉球応援弁当を食べ、楽しそうにFC琉球を応援したそうです。

ただ、荻原さん曰く、このバスツアー企画の活動は当初の計画には入っていなかったようです。

「食料支援の件で、初めておきなわこども未来ランチサポートの富田さんに相談しに行った時、学校行事がなくなり、子どもが出かける機会が激減しているという話をうかがいました。そうなると子どもの視野が狭くなり、発育の面で支障が出てしまうと心配されていたので、ならば彼らをスタジアムに招待しよう、と考えました」

協働者と一緒に活動を推進していく過程で、新しいアイデアが生まれ、活動自体が発展、拡大することは他でもよく見られるケースです。その柔軟性を持っておくことも大切であることが、今回のFC琉球の活動からも見てとれます。

琉球応援弁当

かぼちゃの
ジャーマンポテト風

もずく天ぷら

ゴーヤーの甘酢漬け

かぼちゃペースト

提供:FC琉球

お弁当は1万食以上を売り上げ、約47万円の寄付金を積み上げた

コロナ禍で困っている地元の人たちをサポートしたいという想いからスタートした『県産品＆子ども応援プロジェクト』は、協働者であるFC琉球とイオン琉球の試行錯誤と努力もあって、予想以上の反響と成果を得ることができました。

この活動が2022年の「シャレン！アウォーズ」でソーシャルチャレンジャー賞を受賞したことも、成果のひとつです。しかし何より、県産品を活用した琉球応援弁当で困っている地元生産者や子どもの貧困問題をサポートする、という当初の目標を達成できたことが、最大の成果と言えるでしょう。

イオン琉球の特命担当としてこの活動を推進してきた深田さんは、次のように今回の活動を総括してくれました。

「琉球応援弁当は、2021年8月から2022年2月までの約7ヶ月にわたって販売させていただきました。

当初は、スーパーのお弁当としては高めの500円という価格もあって、高級感を出そうと駅弁のような中身の見えない包材を使ったのですが、それが逆効果でした（笑）。お弁当の中身が見えないので売れ行きが思うように伸びず、途中で中身の見える包材に変更するなど、メニュー開発も含めて試行錯誤を繰り返しました。

ただ、FC琉球さんの発信力もあって、お客様に琉球応援弁当のコンセプトを理解していただき、売上も順調に伸びていきました。その結果、計1万1345食を販売することができ、その売上の10％にあたる46万8984円を、おきなわこども未来ランチサポートさんに届けることができました。当初の販売目標より少しだけショー

トしましたが、それでもお客様にお弁当を買っていただいたことで、約47万円もの寄付金を積み上げられたことは、大きな成果だと思います。

　また、今回の活動はイオン琉球の環境社会貢献活動の一環として推進したのですが、他県の社員にも関心を寄せてもらうようになり、県産品メニューの開発についての問い合わせもくるようになりました。そういう意味では、もっと全社的に情報を広く共有することで、さらに企業としての成果を高められると考えています」

　一方、荻原さんは「日頃から地元地域に応援していただいて活動できているので、その恩返しがしたい。そういう当たり前のことをできたことが、FC琉球にとっての成果です」と、今回の活動を振り返っています。

The VOICE

富田杏里さん　おきなわこども未来ランチサポート

「私たちは、日頃から県内の子ども食堂への支援活動を行っているのですが、今回のお話はお弁当を提供いただくにとどまらず、選手が直接子どもたちに届けてくれたり、食育教室を開催してくれたり、さらにホームゲームにも招待してくれたりと、食支援から社会体験を通じた自立支援までいただき、本当に感謝しかありません。

　沖縄の貧困問題は深刻で、そんな子どもたちには、周りには自分を気にしてくれる大人がいるというメッセージを伝えることが大事なので、FC琉球さんというプロサッカーチームやイオン琉球さんという地元企業がこうした活動をしていただける意味はとても大きいです。とくにスタジアムに招待していただいた時の子どもたちの目の輝きとはしゃぎぶりは、今もいちばんの思い出になっています」

コロナ助成金頼みのスキーム脱却
リソース面を含めた持続性を模索

『県産品＆子ども応援プロジェクト』のメインコンテンツだった琉球応援弁当は、2022年2月を以て、一旦その幕を閉じることになりました。可能であれば継続したいと思いながらも、継続できない理由があったことを、荻原さんが明かしてくれました。

「このプロジェクトの課題を挙げるとすれば、継続性の部分になりますね。

今回はコロナ助成金のおかげでスタートしやすい環境がありましたが、その資金も限りがあります。我々が持つ地上波番組やメディアを活用することは手弁当で問題ないのですが、子どもたちに届けるお弁当代など、実費がかかる経費については、地元企業や自治体からの支援の可能性なども含め、今後はもっと持続可能なスキームを考えていきたいと思っています。

とくにこういった活動は1回きりではだめなので、何かしらFC琉球として子どもたちと積極的に関わって、もっと子どもたちのためになるようなことを継続していきたいと思います」

FC琉球に限らず、多くのクラブが実施する社会連携活動に共通するのが、継続性という問題です。とくに活動の規模が大きくなればなるほど、資金、人材、物といったリソース面で、より多くのものが必要とされるのが、こういった活動を継続するための宿命とも言えます。

ただ、まったく同じかたちでの継続ではできませんでしたが、『県産品＆子ども応援プロジェクト』は、現在もかたちを変えながら継続されているようです。

県産品の卵で貧困問題の支援活動
Ｂリーグクラブとの協働も実現

琉球応援弁当で一定の成果を得たFC琉球とイオン琉球は、2022年4月から、地元の琉球飼料が生産する県産品赤たまごを『FC琉球 元気応援たまご』として、県内41店舗で販売を開始しました。活動のスキームは、『県産品＆子ども応援プロジェクト』と同じで、売上の一部を「おきなわこども未来ランチサポート」を通じて、子どもの貧困問題の支援活動にあてる、というものです。

「今回は買い上げ頻度の高い県産品のたまごを寄付つき商品とし、たまご1パックにつき3円を、琉球飼料さまが拠出するかたちで販売しています。FC琉球さんにはロゴや販促の部分でリソースを提供いただいていますし、お客様にも一緒に参加いただいて、『FC琉球 元気応援たまご』を買って子どもたちを応援しよう、という機運を醸成させていきたいと考え、取り組んでいます」

現在のコラボ企画をそう説明してくれた深田さんによれば、それ以外に、予想外の方面から『県産品＆子ども応援プロジェクト』の効果が表れているそうです。それは、Ｂリーグ所属のプロバスケットボールクラブ「琉球ゴールデンキングス」との協働です。

「FC琉球さんとの活動を共有したところ、ぜひ琉球ゴールデンキングスでも、と共感してくださり、困っている子どもたちの支援活動をするようになりました。そういう意味で、FC琉球さんとの活動は地域社会に大きなインパクトがあったと、改めて実感しています」

荻原さんも、「その話を聞いて、とてもうれしく思いました」と、その波及効果を大歓迎しています。これもまた、FC琉球が今回の活動で得た成果であり、活動の発展形と言えるでしょう。

4

カマタマーレ讃岐

アバターを活用した
観戦体験・魅力体験

Jクラブと地元の福祉施設、そして「アバター」という
先端技術のコラボレーション。そこで生み出されたのは
なかなか外出できない人たちがスタジアムの臨場感を
味わいながらの疑似観戦体験。Jクラブを接点とした
異分野コラボの可能性を感じさせる活動になった。

提供：カマタマーレ讃岐

『アバターを活用した観戦体験・魅力体験』

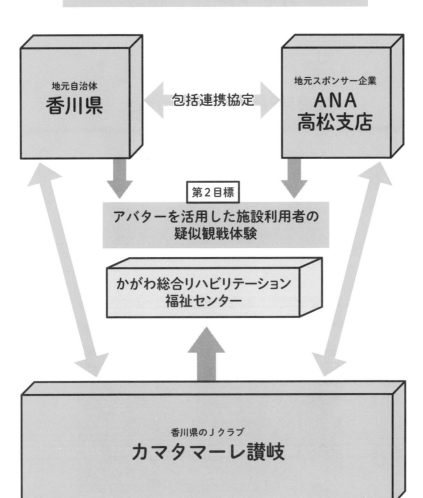

第1目標

アバターの利活用に係る検討や実証研究の実施

地元自治体
香川県

包括連携協定

地元スポンサー企業
**ANA
高松支店**

第2目標

アバターを活用した施設利用者の
疑似観戦体験

かがわ総合リハビリテーション
福祉センター

香川県のJクラブ
カマタマーレ讃岐

［協働者］
香川県、ANA高松支店、かがわ総合リハビリテーションセンター

地元企業と行政の協定に含まれた アバターを活用したスポーツ振興

発端

　スタジアムに行きたくても行くことができない障がい者施設利用者の方に、アバターを活用してスタジアム観戦の疑似体験をしてもらったカマタマーレ讃岐の『アバターを活用した観戦体験・魅力体験』。この活動は、将来の社会福祉を考えるうえで大きなヒントを与えてくれたという点で、注目に値します。

　では、アバター、サッカー、福祉という、まったく関わりがないように見える3つのジャンルは、どのような経緯で結びつくことになったのでしょうか。カマタマーレ讃岐営業部リーダーの大山有規さんが、活動の発端を振り返ります。

「今回の活動は、いくつかの要素が融合してはじまりました。ひとつは、2019年4月に香川県とクラブのオフィシャルスポンサーでもあるANAさんの間で包括連携協定が締結され、その中にアバターを活用したスポーツ振興という項目が入っていたこと。2つ目は、2016年から私たちが香川県とANAさんと一緒にホームゲームでのイベントなどを実施し、関係が構築できていたこと。もうひとつは、2014年以降、選手たちがリハセン（かがわ総合リハビリテーションセンター）さんを訪問し、交流活動を続けていたことです。

　ですから、最初にANAさんからアバターを使って何かできないかというお話をいただいた時には、すでに活動をはじめるための環境が整っていたので、具体的に何をするかを考えるだけでした」

　この類の活動を推進するうえで、クラブと行政の連携は欠かせません。その意味で、日頃からカマタマーレ讃岐が行政との関係を構築できていたことも、活動が実現した要因のひとつと言えます。

アバターの活用および実証研究を施設利用者向けの活動で実施する

この活動には、２段階の目標がありました。第１段階は、香川県とANAの包括連携協定に含まれた項目の『先端技術（アバター、ドローン等）の利活用に係る検討や実証研究の実施』です。当時、ANA高松支店のマネージャーとして活動に関わった小島大吾さん（現ANAあきんど株式会社高松支店マネージャー）が、その目的について説明してくれました。

「私ども航空業界も時代に追いついていかなければならないので、たとえばアバターを使った航空機の遠隔整備なども視野に入れて、当時はデジタルデザインラボ（DD-Lab）として弊社でアバターの研究開発を進めていました。そんな中、包括連携協定の項目に加えさせていただいたように、私どもとしてはアバターの実証実験を香川県で実施したいという意向があり、香川県さんとカマタマーレさんと協働させていただくことになりました」

香川県ではアバターの勉強会が開催され、カマタマーレ讃岐からは大山さんも勉強会に出席してアバターでどういったことができるかを学んだうえで、３者による具体的な協議を経て、２段階目の目標が定まりました。

「候補はいろいろありましたが、日頃から選手が交流活動をしていたリハセンさんには、さまざまな理由で外出できない方がいますので、その方々に、実際に選手たちがプレーしている姿を見せたい、それによって新しい笑顔をつくりたいと考えました」（大山さん）

こうして、アバター、サッカー、福祉という異なる３つのジャンルが結びつき、２つの目標に向かって活動が動きはじめました。

試合会場にロボット型のアバター 利用者たちは施設内で疑似観戦

　この活動で活躍したアバターは、四輪タイヤで移動する身長約160cmのロボット型で、頭部にはカメラつきモニター画面が付属。スタジアムにいるそのアバターを、リハセンからWi-Fiを通して遠隔操作するという仕組みでした。つまり、アバターのカメラ映像がパソコンに映し出されることによって、リハセンにいる人たちにスタジアム観戦の疑似体験をしてもらうと同時に、スタジアムでアバターのモニター画面を見る側も、パソコンを通してリハセンの方々と双方向のコミュニケーションがとれるというわけです。

　活字にすると簡単そうに見える仕組みですが、そこに至るにはいくつものハードルがあったようです。ANAの小島さんが、技術的な問題を乗り越える必要があったことを明かしてくれました。
「最大のハードルは、通信の問題でした。そもそも今回使用したアバターは、Wi-Fi環境が整っている屋内での使用を前提としていましたので、スタジアムのような屋外使用となると、どうしても通信の安定性の部分が問題になります。

　そこで、県を通して四電工さんにご協力をいただき、新たに中継ポイントを設置してアバターの行動範囲をカバーするためのWi-Fiエリアをつくっていただきました」

　一方、アバター観戦イベントを無事に成功させるために、大山さんもいろいろな工夫を凝らしたそうです。
「いかにリアルなスタジアム観戦に近い体験を施設の方々にしてもらうかを考えた結果、ただ試合を観戦するだけでなく、試合前のスタジアム周辺の散策や試合前練習の見学、そして試合後にも選手た

アバター（P54写真中央）のカメラ
映像をリハセンに置かれたモニター
で見ることで疑似観戦が可能になっ
た（提供：カマタマーレ讃岐）

ちとのコミュニケーションの場を設けました。そのために、対応す
る選手たちや監督にアバター観戦の情報を予め共有し、理解しても
らった他、施設の方々に向けてスタジアム案内をしていただくボラ
ンティアの方たちにも、お手伝いをしていただきました」

　イベント実施日は、2019年11月17日のSC相模原戦。『誰もが
笑顔になれるスタジアム』を合言葉に実施されたこのイベントは、
さまざまな人の協力もあって無事に成功させることができました。

　ただ、当初はアバターがスタンドから試合観戦しているカメラ映
像をリハセンのパソコンにつなげる予定でしたが、技術的な問題に
より断念。リハセンでは、パブリックビューイングのかたちで試合
をテレビ観戦することになったようです。それでも、施設の方々に
喜んでもらえた最大のポイントは試合前後の工夫にあったと話して
くれたのは、当時香川県交流推進部交流推進課地域スポーツ推進グ
ループ主任として活動を推進した亀井康司さんでした。

「みなさんがとくに喜んでいたのは、アバターを介してバスでスタ
ジアムに到着する選手たちを出迎えたり、ピッチサイドから試合前
の練習を見学したり、練習後に選手と会話をしたりと、実際のスタ
ジアム観戦以上の特別な体験ができたことでした」

行政や企業との日頃の連携が
利用者に笑顔と感動をもたらす

成果

　今回の社会連携活動が成功した背景には、SC相模原戦の前に選手がリハセンを訪問して機運を高め、リハセンの方々にはアバターの使い方を周知したうえでリハーサルを事前に行うといった、周到な準備がありました。Wi-Fiエリアの設置も含め、これだけ大掛かりなイベントを成功させた協働者のみなさんは、それぞれどのような収穫を手にしたのでしょうか。

　カマタマーレ讃岐の大山さんは、改めて地域に根ざしたクラブやJリーグの力を実感していました。

「施設利用者の方々は、施設外の人と触れ合う機会がとても限られているとうかがっていたので、そのような人たちがスタジアムにいる選手やファンの人たちと、アバターを通して楽しそうにコミュニケーションをとっている姿を見られたことが、何よりの収穫です。同時に、Jリーグの試合でこれだけたくさんの人に笑顔や感動を与えられるんだと、改めてその力を実感することができました」

　香川県の亀井さんは、日頃の連携の成果を強調します。

「今回の活動は、県、カマタマーレ、ANAと、3者がもともと連携していたことが下地にありました。日頃からそのような連携をとれていれば、ちょっとしたことをきっかけにスムーズに新しいことにも挑戦できることが改めて分かりました。そういった可能性をカマタマーレが持っていることを気づかせてもらったので、今後もクラブと連携しながら、地域活性化につなげたいと思います」

　一方、この活動のキープレーヤーとなったロボット型のアバターを提供したANAの小島さんは、企業側の立場として、どのような

収穫を得ることができたのでしょうか。

「今回の活動は、NHKさんや四国新聞さんなど大きなメディアで取り上げていただいたうえ、その素晴らしさを伝えるためのビデオ映像を作成して社内共有したのですが、各方面から高く評価していただけました。亀井さんが言われたように、今回は香川県さんとカマタマーレさんと弊社でいろいろな取り組みをしていた延長線上で実現したことが大きく、おそらくゼロからはじめたのでは、半年足らずでこれだけの企画は実現できなかったと思っています。その地域との日頃の連携の部分が、とくに社内で高く評価されました。

　技術面では、今回リハセンさんでアバターを遠隔操作する時に使用したジョイスティックのような機器に可能性を感じています。障がいのある方はキーボード操作が自由にできないので使いましたが、それが上手くいったことで、これを福祉施設の認知症の方とのコミュニケーションにも応用できるのではないかと、今後の取り組みに向けたヒントを、この活動を通して与えてもらいました」

The VOICE

藤尾博子さん かがわ総合リハビリテーション福祉センター

「今回は、療護施設で暮らしているたまも園さんの方やリハセン内の子ども支援施設利用者の方などに声をかけたのですが、当日に参加した方からは、本当に楽しかったという話をいただいて、私どもとしても大変喜んでいます。次は自分のパソコンを使って、もっと大きな声を出して応援したいという参加者もいました。個人的には、試合後に車椅子に乗った子がアバターの画面越しの選手に応援のメッセージを伝えていた光景が、とくに印象に残っています」

日進月歩で進むアバター事業
活動再開に向けた課題は多い

　大成功に終わった『アバターを活用した観戦体験・魅力体験』ですが、次回の開催を楽しみにしているという施設側の声がありながら、２回目の開催には至っていません。翌年にはじまったコロナ禍の影響で施設との交流がストップしてしまったことが理由のひとつになりましたが、もうひとつ、大きな壁があるようです。

　現在、香川県交流推進部交流推進課の主任主事を務める河野早紀さんが、説明してくれました。

「当時は包括連携協定を締結していたからこそ庁内の関係部署で予算を出し合って実現できましたが、これを毎年続けるとなると、税金の使い道のひとつではありますので、難しいところはあります」

　行政からの支援を受けた活動を継続することの難しさは、他のJクラブのいくつかの活動に共通した課題ですが、実際のところ、活動をはじめる前段階からその問題を考えて対策を練っておくことは、そう簡単ではありません。

　しかも、アバターの技術開発は日進月歩。現在は実証実験から事業化のフェーズに入っていると、小島さんは話します。

「現在はアバターインという関連会社の主導で、マネタイズするための事業モデルを模索しています。最近はアバターも小型化され、販売よりレンタル主流で事業化されつつありますが、レンタル自転車のように社会に浸透するためには、５Ｇのエリア拡大を待たなければなりません。ただ、そこは社会全体の課題だと思います」

　通信のインフラが整備され、アバターの技術開発がさらに進むことが、今回の活動を再開させるためのカギなのかもしれません。

発展

複数施設での同時実施に意欲
アバター×福祉のさらなる可能性

　今回の活動について取材に応じてくれたリハセンの藤尾さんは、福祉の視点に立って、こんなことを話してくれました。

「初めてアバターというものを経験させてもらったことで、今後、そういったインターネットを使った機器がどのように開発されていくのかは、福祉の立場からしても、とても興味があります。もしかしたら、こういった最新機器を活用すれば、自宅で寝たりきりの方がもう少し生活しやすくなるかもしれません」

　アバターがどのように進化していくのかは分かりませんが、少なくとも、福祉の分野における活用という点で、カマタマーレ讃岐の活動は何らかのヒントを与えたことは間違いなさそうです。

　ANAの小島さんも、「コロナが終息したあかつきには、またぜひやりたいという気持ちがあります。とくに香川県庁内には『地域スポーツ推進グループ』がありますし、私たちだけでなく、カマタマーレさんと企業と行政が強い絆で結ばれています。今回の活動のように、地域が一丸となって取り組んでいる成功モデルのような土地なので、担当者が変わっても、そこは続いていくと思います」と語るなど、今後の展開を諦めていない様子でした。

　カマタマーレ讃岐の大山さんも「次はもっと工夫しなければ、というプレッシャーはありますが、リハセンさんとの関係も続いていますし、県内には多くの施設があるので、次回は同時多発的に開催したいというイメージは持っています」と、話しています。

　2人が言うように、協働者の連携と意思がある限り、また違ったかたちで"地域に笑顔を与える"ことはできそうです。

2

ガイナーレ鳥取

高島祐亮経営企画本部長の戦略

提供：ガイナーレ鳥取

地元の耕作放棄地を活用した芝生生産と販売を事業化し

コロナ禍でも地元の人が集まれる憩いの場を提供する

『夜宴スタジアム』を2021年にスタートするなど

ガイナーレ鳥取の社会連携活動には、他と一線を画す

独特な活動が多い。一体、その根底には何があるのか？

（文中敬称略）

2020年にスタートした「Jリーグシャレン！アウォーズ」におい
て、3年連続でメディア賞を受賞したガイナーレ鳥取は、その独
特な活動によって「シャレン！」の分野でJクラブの先頭を快走する。
　なぜガイナーレ鳥取は、「シャレン！」に積極的なのか？　一体、
そのアイデアはどこから生み出されるのか？　その秘密を解き明か
すべく、ガイナーレ鳥取の高島祐亮経営企画本部長に話を聞いた。

高く評価されるガイナーレの活動が 他とは一線を画す理由は事業化にあり

**―― ガイナーレは3年連続でアウォーズのメディア賞を受賞してい
ます。その秘訣はどこにあると考えていますか？**

高島　ガイナーレでは、経営企画の僕とホームタウン活動の担当者
2名が二人三脚で、シャレンに関わる実務を担当しているのですが、
僕自身はクラブの事業戦略を考える立場ですので、ひとつひとつの
活動を事業としてとらえていることが、他のクラブとの違いなのか
もしれません。これまでJクラブの主な収入源は、入場料、スポン
サー、グッズ販売などのマーチャンダイジングという三本柱とされ
てきましたが、クラブとして4本目の柱を立てないと、継続的な運
営や地域貢献ができないと考えていて、結果的にそのスタンスが評
価につながったのではないかと、とらえています。

**―― 社会連携活動の事業化という視点で見た場合、たとえば「しば
ふる」の活動はどのような仕組みになっているのでしょうか？**

高島　まず、僕は2017年にガイナーレに来たのですが、それ以前
からクラブでは試験的に芝生の生産をはじめていました。そこに僕
が加わったタイミングで「しばふる」というプロジェクト名をつけ
てブランディングすることから、活動が本格的にスタートしました。

そのうえで、地方の課題とされている耕作放棄地を活用するという筋道はすでにでき上がっていましたので、そこにビジネス的な要素を加えたらどうなるかを考え、いろいろな下調べをしました。すると、耕作放棄地は安く借りることができるうえ、その辺りは数メートル掘ると地下水が湧き出る特殊な地質で、通常は原価としてかかる水代がほぼ無料で賄えることが分かりました。しかも、Ｊクラブは地域の公共財的なところもあるため、何か地域課題を解決しようとした時に行政とのこれまでのつながりを生かせる。そういった要素を総合的に見て、「これは事業として伸ばしていける」という感触を得られたことが、その背景にあります。

　そこで、行政や農地の情報を集約している団体から耕作放棄地を紹介していただき、新規の農業に携わる人向けの行政の補助金も活用させていただきました。

　売上については公表していないのですが、数値的なところで言うと、たとえば2017年の芝生生産面積は４千平米でしたが、現在はその10倍にあたる４万平米、つまり４ヘクタールに広がっています。コロナ禍で一時的に営業がストップした時期もありますが、2022年はクラブで生産した芝生で２つの小学校の芝生化を実現しました。そういう意味で、耕作面積の拡大のみならず、芝生の出荷という点でも着々と事業として成長させることができていると感じています。

―― 芝生生産のノウハウは、どのようにして培ったのでしょう？

高島　もともとガイナーレは、10年前からチュウブYAJINスタジアムを所有しているのですが、実はそこの芝生の管理もクラブスタッフで賄っていたので、ノウハウそのものがクラブにあったというのがひとつ。もうひとつは、スタジアムのネーミングライツを保有している「チュウブ」さんが新国立競技場に芝生を納品した実績もあ

る地元の芝生専門会社で、彼らから生産や出荷のノウハウをご指導いただいていたことも、大きかったと思います。

―― そのチュウブYAJINスタジアムを活用した『夜宴スタジアム』のケースはいかがでしょう？

高島 当時コロナ禍の影響で、自治体が地元経済を活性化させるための新規事業に対して補助金を出すという公募があったのが、きっかけでした。コロナ禍で、密を避けて地元の人たちが集まれる場所はほとんどありませんでしたから、それなら密を回避できる場として、ガイナーレが所有するスタジアムを活用できないかと考えたのが発端です。また、これからはシェアする時代になっていきますし、僕たちが練習で使用するだけでなく、地域のみなさんにスタジアムの魅力やいろいろな使い方があることを知ってほしいというメッセージも込めて、企画を実現しました。

『夜宴スタジアム』はスタジアムライトアップが注目を集めましたが、県外から来た僕からすると、鳥取は星がとてもきれいに見えるので、単純に夜の涼しい時間を外で過ごす豊かさや、冬はたき火をしながら夜の時間を過ごすだけで癒しの効果があることなどを、改めて地元の人たちにも知ってほしいという狙いもあります。

　主な収入源としては、スタジアム入場料、バーベキューで使用する場合の使用料、最近では、飲食店が屋台を出店したいという希望も多く、そのロイヤリティ収入も加わっています。

シャレンの活動を実行する社内体制と
担当者の負担を軽減するためのコツ

―― 改めて、クラブとしてシャレンに積極的に取り組んでいる理由を聞かせてください。

高島　まず、ガイナーレ鳥取では「スポーツを通じた街づくり、人づくり」を、企業としてのミッションとしています。このクラブにはＪリーグに参入する以前から地域のみなさんに支えられてきたという歴史があり、その「つながり」が最大の強みになっているので、そもそもシャレン活動を地でいくクラブであるということです。それと、僕が関わらせていただいているところで言うと、シャレンに事業的な意味合いを求め、そのスタンスを裏側に立てておくことで、各活動に継続性が生まれると考えていることも、シャレンに積極的な理由のひとつになります。

　たとえば50年後を見据えた場合、おそらく各クラブの収益構造はそれぞれ異なる状況になっているだろうと予想していて、ホームタウン制度がある中で、地方のクラブは「地域」を主語にした事業や活動に価値を見出し、今後はそこに軸を置いてクラブを経営していく必要があると思います。各活動の根底には、そのような基本的な考え方があります。

――先ほど、高島さんとホームタウン担当２人でシャレンの活動を担当しているとうかがいましたが、もう少し具体的に社内の体制、人員の配置を教えていただけますか？

高島　それほど人数をかけられないのが現実でして、先ほどお話しした通り、ホームタウン事業部２人と経営企画の僕とで、並走しながら進めています。

　僕以外の２人は、鳥取県の東部と西部をそれぞれ担当して自治体や各種団体さんなどの窓口になっていて、３人による週１度のミーティングの中で情報交換や意見交換をして、物事を決定していくという流れになります。ただ、ホームタウン活動自体はスタッフ総出で実施するというのが通常のパターンで、当然ですが、そこには他

の部署のスタッフや選手も参加します。

──週に１回のミーティングだけで、活動の企画出しや事業化のスキームづくりも行っているのですか？

高島　基本的にはそうですが、日常的に会話もしていますし、『夜宴スタジアム』のバーベキューの枠が空いている時などは、みんなでバーベキューをしながら「次は何をしようか」と話し合ったりすることもあります。

　クラブにとって大きいのは、ホームタウン担当の２人がとても優秀で、「鳥取愛」が根っこにあるということですね。ひとりは沖縄出身の元選手で、現役時代に鳥取が好きになってここに残っている人間で、もうひとりは地元出身の元教員で、彼も地元が大好き。そこにビジネス的な視点を持つ県外出身者の僕が加わったことで、３人それぞれが得意とする分野のバランスがよくなったというのも、ポイントになっていると思います。

──クラブによっては、担当者が他の業務も兼務していて、たとえばアウォーズにエントリーするための作業も負担になっているという話も耳にしますが、ガイナーレの場合はいかがですか？

高島　ホームタウン活動はすべて社会連携活動に昇華できると思っていますし、無理してシャレンというフレームワークにゼロから挑もうとすると、ハードルは高くなると思います。

　でも、現在継続している活動をシャレンの枠組みにあてはめてみるだけで、とらえ方も随分変わるのではないでしょうか。あとは、「共働者が増えれば、大きくなるよね」とか、「こういう仕掛けにすれば、もっと発展するよね」といったことを言ってくれる人がいるかどうかで、担当者の負担も軽減すると思います。

──Ｊリーグがシャレンという言葉を世の中に発信するようになる

以前と現在とを比較した場合、クラブ側で何か変化したことはありますか？

高島 ありますね。たとえば、行政や企業に話をする時に具体的な資料や実績を持って提案できることが大きいです。各クラブがこれだけいろいろな活動をしているという事例集を見せることができるので、話を聞く側もイメージがしやすいでしょうし、「そういう例があるなら、ここの地域でもこういうことができるよね」と、具体的な話につながりやすくなったと感じます。

　それと、なぜ僕たちがホームタウン活動をやっているのかという話で言うと、どうしても集客のため、ファンを増やすためというところに結びつけられてしまいがちですが、それとは別のところにある目的や主旨を理解してもらう場合に、シャレンというワードがあることで、説明しやすくなった気もします。

シャレンを持続可能にするためには事業化と拡張性が重要な要素になる

—— 海外のプロサッカークラブと比べて、日本のJクラブは社会連携活動を含めたホームタウン活動の回数はもちろん、その内容が豊富で、独特のカルチャーとして育っていると思います。高島さんから見て、その傾向をどのようにとらえていますか？

高島 日本の場合、おそらく海外のように多額な放送権収入を柱にしてクラブ経営を考えるような環境は、全クラブにあてはまらないと思っています。それも含めて、海外のどこを真似て、どこは真似できないかの議論をしっかりと整理しておく必要はあるでしょうね。それで言うと、日本には明らかに独特な文化があって、そのひとつがホームタウンという考え方なのかもしれません。もちろん海外に

も実質的なホームタウンはありますが、おそらくホームタウンという言葉を使うことはないのではないでしょうか。

　日本人はアイデンティティとして「ふるさと」という価値観をとても大事にする民族だと思いますし、だから僕たちとしては、その日本のプロサッカークラブらしいお金の稼ぎ方、収益構造を、地元地域に、つまりホームタウンに求めてもよいのではないかと考えています。とくに地方クラブはJクラブのトップオブトップになるためにはいくつもの高い壁があるので、各クラブの色を前面に出していくような、多様性が必要になってくると思います。

――その一方で、人材不足などさまざまな問題はあると思いますが、一般企業でそれなりの実務を経験した人がクラブの中にいない場合は、多くの活動がボランティア化してしまうという傾向も否めません。そうなると、持続可能ではなくなってしまう気もしますが、その点についてはどのようにお考えでしょうか？

高島　確かにそれはあると思います。そういう意味でも、僕としてはそれまで無料でしてきた活動に対してもあえて値札をつけて、その活動に金銭的価値を与えなければいけないと考えています。この業界の中に、そういった活動を再定義して、改めて仕掛けていくような人材は必要です。「つながり」だけに頼って、バーター的な関係を続けていたところでマーケットが拡大するわけではないので、そこにしっかり値札、価値をつけることが大事だと思います。

――値札をつけることは、一般の民間企業では当たり前のことですが、Jクラブが外に向けて何かの地域活動をする時に値札をつける、つまりお金をとるという行為は、心苦しいというか、ものすごく勇気のいることのような印象も受けますが、いかがでしょうか？

高島　もともと僕自身がITベンチャー出身者で、それまでに存在

しなかったものに対して値札をつけることにトライし続けてきたというのもあるかもしれませんが、まず大前提として、どこの企業も競争しなければ生き残れないという現実があると思います。確かに感情や空間など、はっきりとしないものに対して価格を決める時に合理的な理由は存在しないとは思いますが、たとえば「これは5000円」と値段を決めてしまえば、売る側も5000円の価値を生み出そうと必死に努力するはずです。

　つまり、価値が決められない、分からないから無料にするというのではなくて、まずは値札を貼って、その値段に値する価値を生み出していくという思考に転換しないと、おそらくマーケットでは勝っていけないのではないでしょうか。

――おっしゃる通りですね。その思考の転換が、シャレンを継続していくうえでは大切なことなのかもしれません。その他に、シャレンを持続可能にするために、今後改善していかなければならない点がありましたら、最後にお聞かせください。

高島　まずは事業として成り立っていること。そのうえで、拡張性というところにもポイントがあると考えています。

　たとえば、「しばふる」の例で言うと、僕自身は芝生を生産して出荷するという現状はこの事業のファーストステップだと思っていて、次のステップは芝生を販売して、管理する事業にも幅を広げたいですし、以前に芝生の上で２度実施した『復活！ 公園遊び』という活動も事業として運営したいと考えています。つまり、芝生で場所をつくって、その上にまた違ったコンテンツを乗っけて事業をつなげていくという部分が、拡張性の意味になります。

　さらに、それをクラブだけでなく、関わっていただく企業も収益を上げられる仕組みにして、県内から県外へと展開していけるよう

な事業にもしていきたい。そういった拡張性を追求していくことが、すごく大事なことだと考えています。

　もうひとつは、僕たちだけで考え続けるのは限界があると感じているので、クラブ主体の事業、活動だけではなく、地元の企業や団体、あるいは個人でもいいのですが、そういった周りの人たちの発想も重要になってくると思います。そういう意味では、各クラブにシャレン窓口を設置しておくことも必要なのかもしれません。

　すでに僕たちは、地元の高校生と一緒に、ガイナーレを使って地域課題、社会課題をどのように解決するか、というテーマの授業を実施しています。ただ、そこで高校生が立案したアイデアをガイナーレがやるのではなくて、地元の企業に一緒に行って提案して、それを実現させる。要するに、僕たちの資源を使って実施するだけではなく、あくまでもガイナーレが橋渡し的な役割を担って、人と人をつなげることで周りの人がそのアイデアを実現していく、ということを大きな目的としています。

　アウォーズのメディア賞を３年連続で受賞したということも、クラブにとってはひとつの認証マークのようなものなので、その信用性の部分もフル活用しながら、今後もいろいろなことに取り組んでいきたいと考えています。

高島祐亮
たかしま・ゆうすけ

茨城県出身。ガイナーレ鳥取経営企画本部長／㈱GTベンチャーズ（芝生専門会社「チュウブ」とガイナーレ鳥取が出資する企業）代表取締役。ITベンチャーにて経営企画や新規事業開発など２社連続上場に携わる。2015年「Jリーグヒューマンキャピタル（現SHC）」１期生として学び、その後Jリーグに転職。2017年７月から現職。

5

名古屋グランパス

グランパス未来商店街

舞台は、最寄駅からスタジアムまでの動線にある商業エリア。

「昔ながらの商店街の雰囲気を未来に残したい」と

人々の関係が希薄になりつつある昨今、Jクラブがハブとなり

次世代につながるコミュニティをつくるための活動がスタート。

「街中」とクラブの関係性の最適解を模索する。

提供：N.G.E.

CHART 『グランパス未来商店街』

目標
豊田市駅前エリアの活性化

愛知県のJクラブ
名古屋グランパス

プロボノメンバー
**グランパス
シャレンメンバー**

昔ながらの温かい商店街の雰囲気を
将来に向けて残したい

グランパス未来商店街

豊田市中心市街地活性化協議会
**一般社団法人
TCCM**

コモ・スクエア運営管理会社
**豊田市駅前通り
南開発㈱**

［協働者］
TCCM（豊田市中心市街地活性化協議会）、豊田市駅前通り南開発株式会社、
豊田市役所、グランパスシャレンメンバー

活動紹介 5 名古屋グランパス

「豊田の街を盛り上げたい」
駅からスタジアムの動線を意識

　Jクラブが地元の人たちと連携して街を盛り上げ、その地域を活性化させるための活動はよくありますが、これまでの「シャレン！アウォーズ」にエントリーされた活動の中で、ありそうでなかったのがJクラブと地元商店街が連携した活動です。

　もちろん、Jクラブが地元商店街のイベントに協力するなどホームタウン活動の一環として提携することはよくありますが、2019年に名古屋グランパスが取り組んだ『グランパス未来商店街』は、クラブがハブとなり、中心市街地に関わるさまざまな人や組織を巻き込んで推進した地域活性化のためのプロジェクトです。

　この活動がスタートするきっかけについて、ホームタウン担当としてこの活動を推進した名古屋グランパスの佐藤剛史さんが振り返ってくれました。

「日頃お世話になっている豊田の街をもっと盛り上げたいという想いが出発点です。これは以前から我々が課題としていたことですが、この活動をはじめた2019年には、2021年に瑞穂公園陸上競技場の改修によりホームゲームの開催を豊田スタジアムで一本化することも見えていたので、ちょうどよい機会でした。また、Jリーグの会合で知り合った方たちがプロボノ[4]のメンバーとしてグランパスの活動に関わっていただいていたので、彼らの力も借りてさまざまな意見を織り交ぜたかたちで活性化を図りたいと考えました」

　とくにグランパスが意識したのが、名鉄豊田市駅から豊田スタジアムまでの動線周辺の盛り上げ活動です。そこには、年々変化を続けている商業エリアが存在していました。

　※4＝社会的な目的のために職業的スキルや専門知識を生かして取り組むボランティア活動のこと

昔あった商店街の温かい雰囲気や
コミュニティを将来に残したい

ホームスタジアムのお膝元となる街を盛り上げたい。そんな想い
を発端としてはじまった今回の活動ですが、具体的には、どのよう
な目標を掲げて街を盛り上げようと考えたのでしょうか。

当時名古屋グランパスのホームタウングループの一員としてこの
活動に関わった西村惇志さん（現営業部）が、未来商店街というワー
ドの由来と活動のテーマを説明してくれました。

「豊田スタジアムが完成した2001年当時と比べると、豊田市駅周
辺の開発が進み、街の景色、街並みが随分と変化してきました。地
元の方と打ち合わせを重ねる中で私たちが着目したのが、以前にあっ
た商店街の雰囲気が薄れ、チェーン店が入ったテナントや商業ビル
といった"サラリーマン店舗"が増加していることでした。

これはよい悪いという話ではないのですが、私たちが地域の方々
とセッションを重ねる中で出てきたのは、以前あった温かい商店街
の雰囲気を将来に向けて残していきたい、という話でした。今回の
活動にはそういったテーマがありまして、そこで『グランパス未来
商店街』というネーミングが生まれたという経緯があります」

これは豊田市駅周辺に限った話ではありませんが、テナントの店
舗は出入りが激しいため、どうしても横のつながりが希薄になって
しまい、街の雰囲気づくりが難しくなってしまう傾向があります。
その課題を打破するためにも、名古屋グランパスがハブとなり、お
店やそこに関わる人たちをつなぐことによって、昔ながらの商店街
のような雰囲気やコミュニティを未来に向けてつくっていくことを
目指して、この活動がスタートすることになりました。

多様な顔ぶれのメンバーを編成
フィールドワーク後に活動開始

　どこの商店街も、町内会や行政、活性化のための団体や企業体など、あらゆるジャンルの人や組織が関わっています。当然、Jリーグより長い歴史がある豊田市駅前周辺の活性化についても、名古屋グランパスが関わる以前から試行錯誤が繰り返されてきました。

　そこで当時の担当者だった名古屋グランパスの佐藤さんは、新たな視点から街の活性化に取り組むために、クラブを使って社会課題の解決に取り組んでいたプロボノメンバーの呼びかけにより、ビジネスパーソン、大学生、デザイナーらで構成するグランパスシャレンメンバーを編成。TCCM（豊田市中心市街地活性化協議会）、豊田市駅前通り南開発株式会社といった地元関係者と一緒になって、ひとつのグループとして活動を推進することにしました。

　まず、2019年6月15日に設けられた初回のセッションでは、参加者の関係構築をはじめ、これから取り組む課題をどのように解決するかをディスカッション。『グランパス未来商店街』という活動名が決まり、その年の活動計画も話し合われました。

　活動プロセスについて、当時グループのメンバーとして参加していた名古屋グランパスの西村さんが説明してくれました。
「初回のキックオフセッションの翌月に、第2弾としてアイデアセッションを設けて具体的なアイデアを出し合い、8月のイベントにおけるフィールドワークを企画しました。そのイベントとは、グランパスとして初めて取り組んだ『鯱の大祭典2019』です。

　これは、プロ野球の福岡ソフトバンクホークスさんが実施していた『鷹の祭典』を視察したことをきっかけに生まれたイベントで、

『グランパス未来商店街』活動プロセス

2019年6月15日	7月23日	8月10日	10月10日	11月23日	12月4日
キックオフ セッション	アイデア セッション	グランパス 鯱の大祭典	プロトタイプ セッション	プロトタイプ 検証	振り返り セッション
1／関係性をつくる　2／解決した議題を設定する　3／解決のためのアイデアを企画する	1／解決したい議題のアイデアを生み出す　2／アイデアのフィールドワークを企画する	1／フィールドワークでアイデアを検証する	1／アイデアをブラッシュアップする　2／プロトタイプをつくる　3／検証を企画する	1／アイデアを試してみる　2／実現のために必要な仲間を巻き込む	1／プロトタイプ検証を振り返る　2／アイデアの具体化案を生み出す

コンセプトは、スタジアム周辺の盛り上がりを各ホームタウンにも伝播させ、各地域のシティプロモーションや地域課題の解決に寄与できる機会につなげることでした。そのコンセプトが『グランパス未来商店街』のテーマにも通ずるので、トライアルとして豊田市駅周辺でも『鯱の大祭典2019』の一環イベントを開催したうえで、アンケート調査を実施して次の企画につなげようという話になりました」

こうして2019年8月10日の川崎フロンターレ戦当日、『グランパス未来商店街』の実証実験として開催した『鯱の大祭典2019』に、以前から豊田市駅前通り南開発株式会社とコラボしていた『グラコモワールド』とTCCMによる防災サッカーのイベントもミックス。プロボノメンバーを中心に、アンケート調査も実施しました。

その後は、各グループでアンケートの結果を軸にアイデアを練り直してプロトタイプをつくり、10月のセッションでそれを検証するためのイベントを企画。11月23日の鳥栖戦当日に、最初の『グランパス未来商店街』イベントが開催されるに至りました。

「イベント規模も拡大し、盛況に終わった『グランパス未来商店街』でしたが、12月のセッションで再検証を終え、さあ翌年から、と思っていた矢先にコロナ禍になってしまいました……」（西村さん）

利用者増加で売上もアップ
盛り上がりとともに新たな人脈も

　地域に根ざしたＪクラブがハブとなり、さまざまな人たちがひとつのグループになって推進した『グランパス未来商店街』。この活動を通して、それぞれはどのような成果を手にしたのでしょうか。

　これまで豊田市中心市街地を活性化させるための活動を行ってきたTCCMの中井久美さんは、次のように話してくれました。

「今回の活動を通して、いろいろなことに気づかされました。たとえば、スタジアム側とは反対にある豊田市駅西側には大きな商業施設があるのですが、調査してみると、そのことが試合観戦に訪れるファンの方にはまったく知られていなかったことが分かりました。誰もが知っているとばかり思っていたので驚きましたが、そのようなこれまで気づいていなかったことが、シャレンメンバーの方と意見交換する中で、ひとつひとつクリアになりました。それも含めて、私たちにはなかった発想で街中を盛り上げていただけたことが、成果としては大きかったと感じています」

　豊田市駅前通り南開発の山下恒右さんは、具体的な数字も挙げながら、今回の成果を振り返ります。

「我々が単独で『グラコモワールド』を開催した時と比べると、『グランパス未来商店街』は約1.5〜2倍の利用者を記録しました。そうすると、テナントさんの売上も必然的に増えますし、その数字自体がひとつの成果の表れになったと思います。また、シャレンメンバーとのつながりが生まれ、定期的に連絡を取り合う仲になりましたし、たまに遊びに来てくれる方もいらっしゃいます。そういう新しい人脈、流れができたことも収穫になりました」

行政として活動に関わった豊田市役所スポーツ振興課の太田信人さんは、次のように振り返ってくれました。

「それ以前との違いは、グランパスという知名度のあるクラブが入ってくれたことの分かりやすさです。グランパスというフィルターを通すことで、同じイベントをやるにしても、楽しそうに見えますし、物事を伝えやすくなるということを実感できました」

こうした声を聞くと、現在全国各地で活性化に苦労している商店街にとって、名古屋グランパスの取り組みは何らかのヒントになるのではないかと、期待したくなります。

では、西村さんはこの活動でどのような成果を得たのでしょうか。

「クラブとしては、今回の活動を通して、改めてグランパスがいろいろな方に支えられていることを実感できました。ファンの方も含めて、そういった人たちに恩返しをするためにも、スタジアム周辺だけでなく、試合がない日も豊田市駅周辺をもっと盛り上げるための企画を考えていきたいと思います」

The VOICE

百瀬雄太さん PRONTO豊田コモ・スクエア店店長

「僕と山下さんだけでは、駅前エリアの盛り上げに手詰まり感があったのですが、この活動に参加して、新しいアイデアをたくさん取り入れることができました。また、イベントの時に知り合ったファンの方ともつながりができて、試合日に来てくれる度に声を掛け合うような、近い距離感で接する関係ができたことも、これまでとは異なる新しい経験をさせていただきました。これからも、お客さまが楽しめるようなコンテンツを提供できるのではないかと思います」

属人的な取り組みからの脱却へ
課題は継続可能な仕組みと体制構築

前述したように、2019年12月の振り返りセッションを最後に、『グランパス未来商店街』の活動は一旦ピリオドを打ちました。翌年早々から新型コロナの感染拡大がはじまり、Ｊリーグの活動がストップしたことも影響しましたが、現在もリスタートに至っていないのは、それだけが原因ではないようです。

「今回は大学生を含めたいろいろなジャンルの方にシャレンメンバーになっていただいたのですが、それぞれの事情もあって継続性の部分で難しかったというのが正直なところです」（西村さん）

確かにグランパスシャレンメンバーは、日常的に豊田市駅前の活性化に取り組むTCCMや豊田市駅前通り南開発の人たちとは関わる立場が異なるため、仕方のないことなのかもしれません。

この類の活動経験を豊富に持つ豊田市役所の太田さんは、活動がストップしたことについて、次のように話してくれました。

「誰か特定の人物がいなくなったことで、評価されていた活動が終わってしまうことはよくあります。その問題の解決策としては、誰がいなくなっても継続できるような仕組みと体制を組織としてつくっておくことが考えられます。とはいえ、新しい人が加わればその人の考え方も反映されるものなので、人任せという部分がある以上は、なかなか難しい問題なのかもしれません」

太田さんの指摘はすべての社会連携活動に共通することですが、よい仕事ほど属人的になってしまうのは、民間のビジネスでも同じです。そういう意味では、今回の取り組みが休止してしまったことをあまりネガティブにとらえる必要はないのかもしれません。

「企業×街中」というスキームで マネタイズの可能性を模索する

　継続性の問題に直面した『グランパス未来商店街』ですが、それでもこの活動のレガシーはしっかりと残されているようです。これをきっかけに、名古屋グランパスとの新たなコラボ企画を実施した豊田市駅前通り南開発の山下さんが、説明してくれました。

「グランパスさんの提案で『コモ・スクエアのご利用でチームを応援!!』というコラボ企画に取り組みました。これは、レシートの金額の10％がグランパスの応援金になるという企画で、弊社が賛同してその費用を持ち出しているのですが、これによって各テナントの売上をアップさせることができました。グランパスが入ることで数字が伸びることは未来商店街の活動でも分かったことなので、今後もこうした企画を日常的に実施したいと考えています」

　クラブの営業担当を経験したこともある名古屋グランパスの佐藤さんは、今回の経験を生かしたいと語ってくれました。

「未来商店街の活動ではマネタイズという課題も残りましたが、営業の立場で考えた場合、そこに企業協賛を入れて『企業×街中』というスキームを構築すれば、まだ伸びしろが残されていると思っています。今回の活動で街中には価値があることが分かったので、それを企業のニーズに応えるかたちに持っていければ、マネタイズという課題も解決できるのではないかと考えています」

　いくつかの理由で一旦は幕を閉じることになった『グランパス未来商店街』。しかし、そこで得た経験と人材というレガシーを今後に生かすことができれば、一度休眠した活動が、再び目を覚ます日がやってくるかもしれません。

6

ヴァンフォーレ甲府

キャリア＆スタジアム
（キャリスタ）

きっかけは、Jリーグが主催したワークショップだった。

企業にとっての人材確保、自治体にとっての人口流出阻止

学生にとっての就職活動、そしてクラブにとっては

新規顧客獲得とスポンサーとの関係強化。

多くの地域で見られそうな課題解決を図る活動が実現した。

提供：ヴァンフォーレ甲府

『キャリア＆スタジアム（キャリスタ）』

目標

『若者の人口流出』や『企業の人材確保』という
地元の課題を解決する

企画「明治大学澤井ゼミ」
就活学生

← 試合日に交流 →

クラブスポンサー企業
25社
40人

社会人との交流・就活　　　企業PR・学生のリクルート

就活学生と
企業のマッチング
キャリスタ

企画立案＆実行　　　　　　スポンサーメリット

新規顧客獲得・
スポンサーアクティベーション

山梨県のJクラブ
ヴァンフォーレ甲府

［協働者］
後援：山梨県、山梨県スポーツ協会、協力：明治大学澤井ゼミナール、山梨県大学就職指導研究会
ヴァンフォーレ甲府長期インターンシップ学生

Ｊリーグ主催のワークショップで出会った学生がアイデアを提供

発端

　2018年5月14日。創設25周年を迎えたＪリーグは、各クラブの社会連携活動に力を入れるべく「シャレン！」を立ち上げ、その第一歩として、あらゆるステークホルダーを一堂に集めてワークショップ的なイベント「未来共創『Ｊリーグをつかおう！』」を開催しました。ヴァンフォーレ甲府が、若者の人口減少や企業の人材不足といった地域課題に正面から取り組んだ『キャリア＆スタジアム（キャリスタ）』の出発点は、そのイベントにありました。

　クラブスタッフとしてこの活動を推進し、現在はヴァンフォーレ甲府の総合型地域スポーツクラブマネジャーと社会連携部副部長を兼務する長田圭介さんが、その当時を振り返ってくれました。
「イベントで同じテーブルを囲んだ中のひとりが、当時明治大学の学生だった石川馨さんでした。彼は日頃から各チームのサポーター同士が交流するサークルで活動していて、若者の集客に課題を抱える私たちにとって、興味深い話を聞くことができました。その中で、若者をスタジアムに集める企画として石川さんが提案してくれたのが、同窓会でした。キャリスタは、その提案をきっかけに、地元企業の人材不足という課題と多種多様なスポンサー企業を多く抱える私たちの強みをつなげて生まれた企画です」

　その場では具体的な話に発展しませんでしたが、可能性を感じた長田さんは、クラブ内外でのヒアリングで感触を確かめた後、石川さんを訪ねるために山梨県北杜市の明治大学セミナーハウスに向かいました。そこからは、スポーツによる社会課題解決をゼミの研究テーマとしていた石川さんの案を軸に、企画が練り上げられました。

地域が抱える「若者の人口流出」「企業の人材確保問題」を解決する

　ヴァンフォーレ甲府がハブとなり、若者の人材確保に悩む企業と学生の就職活動をマッチングさせることが、『キャリスタ』最大の目的です。しかしながら、この活動は地元企業のリクルートだけを目的として実施されたわけではありません。

　当時、ヴァンフォーレ甲府の長田さんと話し合いながら、大学のゼミでイベント実施に向けた調査と研究を重ねた石川さんが、改めてその狙いについて振り返ってくれました。

「三方よしという考え方があるように、この企画を考える時も、まずは各ステークホルダーを何によって結びつけるべきかを考えました。そこで、まずヴァンフォーレを中心にして、地元のスポンサー企業と学生が、それぞれ求めていることを整理しました。その中で、ヴァンフォーレには地元のスポンサー企業が多いことを念頭に置きつつ、僕自身がちょうど就活をはじめた時期だったこともあり、学生の就活イベント的な要素を、スタジアム同窓会という若者を集めるための企画に盛り込むことにしました」

　石川さんがクラブと練り上げた企画は、クラブは新規顧客の獲得やスポンサーとの関係強化を、学生は旧友との再会と就活を、スポンサー企業は若者の人材確保を、そして人口流出に悩む自治体にとっても、巡り巡って若者人口の食い止めにつながるという、各方面それぞれにメリットが見込める活動になりました。

　長田さんも「クラブ内の営業担当にヒアリングをしてみると、十分にスポンサーメリットになり得ると、ポジティブな意見をもらいました」と、企画の手応えを感じていたそうです。

目的を就職活動に定め、55人の学生と地元企業25社40人がイベントに参加

　キャリスタ同窓会は、試合日にスポンサー企業による合同説明会を行った後、学生と企業担当者が一緒にスタジアムグルメやイベントを体験し、ともに試合観戦を楽しむという活動内容で構成され、試合後には飲食店での交流会も盛り込まれていました。

　ところが2018年10月のアルビレックス新潟戦で実施された活動は、当初石川さんが企画した内容とは異なるものになりました。長田さんが、その理由を説明してくれました。

「地元中学校の同窓会として学生に声をかけたのですが、集まったのは5人しかいなかったので、大々的に企業の方を集めることは断念しました。そこで石川くんと相談して、まずは学生5人と地元企業1社だけで、トライアル的に実施することになりました。当日は会議室で学生と企業担当者によるブレストを行い、何が必要なのかをもう一度整理して、翌年に生かすことにしました」

　学生のひとりとして参加した石川さんは、そのトライアルで得た感触を踏まえて、企画の方向性を修正したと言います。

「クラブ、学生、企業の求めるものの最適解を考えた時、目的を就活に絞るべきだという結論に至りました。同窓会という枠組みで学生に声をかけても、すでに就職している学生も対象となるため、企業側の参加目的もぼやけてしまうからです。そこで学生のターゲットを高校3年生、大学3、4年生に絞って、学生は就活、企業はリクルート、クラブは新規顧客獲得と、それぞれの目的を明確化し、キャリスタ同窓会を改め、キャリスタに変更しました」

　果たして、試行錯誤を経てリニューアルした『キャリスタ』は、

2019年の『キャリスタ』でのウォーキングサッカーの様子。試合前のスタンドではビンゴゲームなども行われた（提供:ヴァンフォーレ甲府）

2019年11月10日のアビスパ福岡戦で実行に移されました。学生集めについては、クラブ発信の募集に加え、当時ヴァンフォーレ甲府に出向していた山梨県スポーツ振興課の藤島伯任さんが、同じ庁内の労政雇用課にも依頼して長期インターン生が所属する首都圏の大学への告知用チラシを学園祭で配布するなど、55人の学生を集めることに成功。一方、クラブの営業担当が声をかけた地元スポンサー企業からは、25社40人が参加しました。

　当日の活動内容を決めたのは、石川さんからバトンを受けた2学年下のゼミの後輩にあたる平居和輝さんでした。

「一般的な就活イベントにならないように当日のメニューを考えました。とくに大切にしたのは、学生と企業担当者がコミュニケーションをとりやすい、ラフな雰囲気をつくることでした」

　当日は、参加企業の1分間PRを皮切りに、複数のグループに分かれてマシュマロタワーというゲームとウォーキングサッカーを楽しみ、昼食を挟んで、午後はスタンドでのビンゴゲーム、応援練習、そして試合観戦で締めくくるという内容で構成されました。

　こうして、トライアルの成果を生かして実施された『キャリスタ』は大盛況のうちに幕を閉じました。

企業と学生には触れ合える機会を
クラブは新規顧客獲得のきっかけに

『キャリスタ』には、学生は就活、企業はリクルート、クラブは新規の顧客獲得と、協働者それぞれに明確な目的がありました。気になるのは、活動実施後にそれぞれが手にした成果です。

まず、平居さんが学生側の意見を語ってくれました。

「就活となると、通常は学生と企業担当者の間には緊張感が生まれてしまいがちですが、キャリスタのよい点は、その間にヴァンフォーレ、あるいはサッカーというクッションが入ったことで、ごく自然なコミュニケーションが生まれたことです。実際、当日は学生も企業の方も和やかな雰囲気で積極的にコミュニケーションをとっていたと感じました。たとえ就職につながらなくても、学生にとっては社会を知るきっかけにもなったと思います」

トライアルのキャリスタ同窓会を含め、企業として2年連続でこの活動に参加したのは、クラブスポンサーでもある地元の大手建設会社の株式会社早野組でした。当時は総務本部総務部に所属していた山村紀昭さんが、当日を振り返ってくれました。

「堅苦しい関係ではなく、イベントやサッカー観戦を通じて学生たちととても友好的な雰囲気でコミュニケーションをとることができました。他社様もそうだと思いますが、自分たちの業界や会社のことを知ってもらううえでも、こういうかたちで学生たちと触れ合うことができたという点で、とてもよい機会になりました」

ちなみに早野組では、採用が内定していた学生が偶然『キャリスタ』に参加していたことで、面接などでは知り得なかった一面を知ることができ、確信をもって採用を確定できたそうです。

一方、学生と企業の仲介役を担ったヴァンフォーレ甲府が手にした収穫については、長田さんが語ってくれました。

「ひとつは、試合を見たことのない学生も多かったので、新規顧客獲得のきっかけになったこと。それと、キャリスタがスポンサー企業のアクティベーションとして成立することが分かったことも、収穫でした。スポンサー企業に対して、こういった新しいかたちのメリットを提供できたことは今後の営業活動にもつながりますし、スポンサー同士のつながりをつくるよい機会にもなりました」

　発案者の石川さんも、当日は現場に足を運んで学生や企業担当者の様子を自分の目で確かめ、ポジティブな印象を持ったようです。

「多くの参加者を集められたことが、大きな進歩です。また、僕たちにはなかったアイデアを平居くんたちがクラブと一緒に考えてくれたことで、参加者が想像以上に楽しそうにしていたのを見て、とてもうれしく思いました。とくに年齢や男女を問わず楽しめるウォーキングサッカーは素晴らしいアイデアでした」

The VOICE

藤島伯任さん 山梨県スポーツ振興課主任

「当日キャリスタの様子を見学した労政雇用課の担当者も、こういった活動を継続してほしいと話していますし、スポーツ振興課としても、キャリスタが再開したあかつきには全力でサポートしたいという考えです。山梨県としても、以前から地元企業の人材確保という地域課題に取り組んでいますが、スポーツは他の分野のものをつなぐ力を持っていますので、ヴァンフォーレ甲府のこういった活動には、県として全面的に協力していくつもりです」

ラフな雰囲気を楽しめる一方で 企業側に届かない就活の本気度

　協働者それぞれが確かな手応えを感じた『キャリスタ』でしたが、残念ながら早野組の内定者のケースを除くと、最大の目的とされていた学生の新規採用につながった例は、ありませんでした。

　長田さんは、その原因を次のように説明してくれました。

「イベント後に実施したアンケートでは、『学生の本気度が分かりにくい』という企業側の意見が多くありました。ただ、通常の企業説明会とは違ったラフな雰囲気づくりを意識した企画なので、学生が就活よりもイベント自体を楽しむ方に軸足を置いてしまうのは、ある意味で仕方のないことです。その点で、本気でリクルートをするつもりで参加した企業にとっては少し物足りなく感じたようです。

　ただ、そこは表裏一体なので、よりコミュニケーションを重視したイベントと本気度の高い就活イベントと、２パターンに分けてイベントを実施してもいいのかもしれないと感じました」

　一方、イベントに参加した企業側はどこに課題を感じたのでしょうか。早野組の山村さんが、具体的な話をしてくれました。

「弊社の例で言えば、建築関係の学部に在学している学生や卒業生が採用の対象者になるので、どうしてもこういったイベントでリクルート対象となる学生と出会える確率は低くなってしまうという実情があります。ただ、そこは避けられないという一方で、我々としては当社を知ってもらうツールとして有効なイベントだったと思いますし、ヴァンフォーレさんには感謝しています」

　コミュニケーション重視か、リクルート重視か。難しい問題ですが、大切なことは、残された課題を次につなげることです。

移住などを盛り込むことにより企業とのマッチングの創出も

　2019年に実施した『キャリスタ』は、その翌年からはじまったコロナ禍の影響もあり、まだ2回目の開催には至っていませんが、山梨県庁の声も含め、各所から再開への要望があるそうです。

　早野組の山村さんは、参加企業の立場から次回の開催に向けて改善ポイントを挙げてくれました。

「1分間PRだけでは、十分に自社のアピールをできませんでしたし、同じグループ以外の学生へのアプローチも難しかったという印象を受けました。もし次回の開催があるなら、企業アピールの方法について、もうひと工夫していただけるとありがたいです」

　現在は東京のPR会社でプランナーとして活躍している平居さんは、『キャリスタ』応用版の可能性を語ってくれました。

「地方の人口減少という課題を考えた時、キャリスタのスキームを使って、移住をテーマにした活動に発展させることもできると思います。つまり、年齢を問わず、山梨に移住を考えている人を集めて、ヴァンフォーレがハブとなって地元のスポンサー企業とマッチングさせるスキームです。就活の本気度も高まりますし、クラブにとっても新しいファン獲得につながる活動になると思います」

　Uターン＆Iターン就職、移住、農業や観光業への就労など、希望者を県外から集め、その目的に沿った地元企業をマッチングさせるイベント。平居さんが指摘したように、『キャリスタ』はさまざまな分野に応用可能な活動であり、通常の企業説明会とのコラボを含め、『キャリスタ』新バージョンが誕生する可能性を秘めています。同じ課題を抱える他県にとっても、今後の動向は要注目です。

3

カターレ富山

Be supporters! サポーターになろう！

提供：サントリーウエルネス株式会社

日頃は周りに支えてもらっている高齢者施設の利用者が

地元にあるJクラブのサポーターになることによって

支える側になるための『Be supporters!』プロジェクト。

サントリーウエルネスがJリーグと進めるこの活動で

カターレのある富山で笑顔と元気が広がっていった。

（文中敬称略）

高齢者施設で周りに支えられる人が
支える側になる『Be supporters!』

　Jリーグサポーティングカンパニーでもあるサントリーウエルネ
ス株式会社の『Be supporters!（ビーサポーターズ）』プロジェクト
を主導する吉村茉佑子には、大学院時代にアルツハイマー病の研究
に粉骨砕身した経験がある。もともとは、高齢化社会という社会課
題の解決に何か貢献できることはないかと考えて取り組んだテーマ
ではあったが、「この病気は100年も研究されているけど、まだ解
決策が見つかっていない」という教授のひと言が頭に残り、その研
究に限界を感じたまま社会人になった。

　ところが偶然にも、入社先で高齢者の幸せに向き合えるような仕
事に巡り合う。

「当社が提供する健康食品は、ほとんどの方が病気の予防として利
用されていますが、社長の沖中直人が、人生100年時代では病気
の予防だけでなく、病気との『共生』に真剣に向き合う必要がある
のではないかと感じ、このプロジェクトが立ち上がりました。その
内容を聞いた時、絶対に自分が担当したいと思い、上司や先輩、社
長にもメールで自分の熱い想いをアピールしました（笑）。大学院
時代の研究もそうですが、私は大好きな祖父母との触れ合いを通し
ていつしか高齢者が幸せに過ごすにはどうしたらよいか、自分もそ
の力になれたらいいな、と思うようになりました。『いくつになっ
てもワクワクしたい、すべての人へ』をスローガンに掲げるこのプ
ロジェクトは、そんな想いを実現するためにぴったりの内容でした」

　吉村を魅了した『Be supporters!』プロジェクトは、高齢者施設
で過ごす高齢者や認知症者など、普段は周りの人に支えられること

の多い人が、Ｊクラブのサポーターになることによって、支える側になっていくことを目指す取り組みで、元NHKプロデューサーの小国士朗氏が発起人となり、サントリーウエルネスが2020年12月から複数のＪクラブと協働して推進するプロジェクトだ。

　2021年2月、吉村は念願だった『Be supporters!』プロジェクトのメンバー入りを果たすと、以降はその中心となって、さまざまな施設や研究所との話し合いを重ねながら、その活動を推進するようになっていった。

カターレを知らない施設利用者たちに 試合を観戦してもらうための取り組み

　吉村がプロジェクトメンバーに加わる以前の2020年5月、参加クラブの募集通知で『Be supporters!』プロジェクトを知ったカターレ富山ホームタウン営業部の池田茉由も、同じようにそのコンセプトに運命的なものを感じていた。

「社会連携活動に取り組むうえで個人的に大切にしているのは、どれだけその社会課題を自分事としてとらえ、本気で取り組めるか、ということです。実は私には、認知症を患っていた曾祖母を自宅で祖母が介護していたのを小学生の頃に目の当たりにしていた経験があり、もっと周りの人が関わっていたら曾祖母の最期も違ったものになっていたのではないかと考えることがよくありました。

　ですから、最初にＪリーグを通じてこの活動の参加募集があった時、まずは地域に根ざしたクラブとして高齢化率が全国で上位に位置する富山県が抱える社会課題の解決に何かしらの貢献ができるのではないかと考えたのと同時に、個人としても、ホームタウン担当の立場から何かの役に立てるのではないかと考えました」

サントリーウエルネスという企業がタッグを組んでくれるのであれば、地方クラブだけではできないことができるかもしれない。このチャンスを逃すまいと考えた池田は、さっそく富山県の高齢化事情や取り組みに加えて、自身の熱い想いを募集要項のエントリーシートに記入した。しばらくすると、審査の結果、レノファ山口FC、ヴィッセル神戸、川崎フロンターレとともに、カターレ富山が『Be supporters!』プロジェクトに参加することが決定した。

　コロナ禍により、具体的な活動内容を煮詰めていく作業は、各クラブとサントリーウエルネスとのオンラインミーティングによって進められた。池田がそのプロセスを振り返る。

「その年の夏からオンラインミーティングを重ねていく中で、12月に何かしらの活動を実施することが決まり、富山では、まだ1度もカターレを見たことのない高齢者施設の方々に試合を見てもらい、知ってもらうところからはじめようということになりました。私たちはベーシックプログラムと呼んでいますが、まずはみんなで集まって、ワクワクするようなサッカー観戦パーティーをイメージしながら企画を考えました。そのためには、やらされるのではなく、施設利用者の方々がやりたいと思っていただかなければならないので、体よりも先に、心が動くような内容にする必要がありました」

天正寺サポートセンターでの活動で
予想を遥かに上回る成果を手にした

　企画内容の骨格が決まっていく中で、池田は実際に活動を実施してもらう高齢者施設を探す作業に移った。そして、最初に相談した富山市を通じて紹介してもらった施設のひとつが、市内にある社会福祉法人射水万葉会天正寺サポートセンターだった。

職員の荒山浩子が、プロジェクトの第一印象を述懐する。

「Ｊリーグさんが私どものような施設に声をかけていただくなんて、最初は信じられなかったというのが、実際のところでした。それに、ここでは相撲を見ている方はいますけど、これまで利用者さんからサッカーという言葉を聞いたこともありませんでしたから、この話を引き受けて本当に大丈夫なのかという心配もありました」

　それでも、新しいことに積極的にチャレンジすることをモットーとする荒山は、カターレ富山から持ちかけられた『Be supporters!』の活動を実施することを決めると、池田とオンラインミーティングを重ねながら当日の準備を進めた。

「誰もサッカーのことをよく分かっていないこともありましたので、とにかく楽しもうね、というのがコンセプトでした。そこで、カターレさんのラベルが張ってある水をみんなに配って、ケーキを食べながらのんびりと試合を観ることにしました。それと、せっかくだからということで、カターレさんの青いユニフォームを買って、サポーターになったような雰囲気もつくってみました。

　そしたら、初めの頃は利用者さんたちも『カターレは富山のチームなんだね』ということで拍手をする程度でしたが、周りにいる職員たちが『惜しかった！』とか、『もうちょっとでゴールだった！』とか、声を出して試合に一喜一憂しているうちに、利用者さんたちもだんだん興味を持たれるようになりました。同じ青いユニフォームを着た選手たちが一生懸命走っているのを画面越しに見て、応援したいという気持ちが芽生えたのだと思います」

　そもそも『Be supporters!』プロジェクトでは、施設に対して具体的な活動内容を提案するのではなく、あくまでもコンセプトを伝えるにとどめ、各施設がその施設に適した活動内容を独自に進めて

もらうことを基本方針としている。なぜなら利用者の年齢や症状が施設によって異なるうえ、職員たちの負担を増やしてしまっては、それこそ本末転倒になってしまうからだ。

　その意味で、トライアル的な意味合いも含めて実施した『Be supporters!』のはじめの一歩は、大成功だった。

ガイドブックの制作などによって 本格的に動きはじめた『Be supporters!』

　念願が叶ってプロジェクトメンバーとなったサントリーウエルネスの吉村は、さっそくオンラインでカターレ富山の活動内容について確認するための場を設けた。画面越しではあるものの、その場には、カターレ富山の池田と天正寺サポートセンターの荒山もいた。「話をうかがう前までは、施設利用者さんたちが画面の前に座って静かに試合を観ているのかと思っていましたが、本当に盛り上がっている時は、みなさんがタオルを回しながら楽しそうに応援していたり、試合前には自分たちで応援用のうちわを一生懸命つくっていたりと、想像を遥かに超えたものがあることを知りました。

　きっかけさえあれば、もともと人は何かを楽しむ力を持っているということを、改めて感じることができました」

　プロジェクトに対する並外れた熱量を持つ吉村がメンバーに加わったことで、『Be supporters!』は本格的に動きはじめた。

　吉村は、他のメンバーとともに高齢者施設や研究機関の担当者とのミーティングを重ね、その中から活動に役立てられそうなものを集めると、荒山の経験談を受けて『Be supporters!』に参加しやすくするためのガイドブックの制作にも着手した。その中には、応援グッズやサポ飯（サポーター飯）をつくる、あるいは"推し"の選手

をつくるといった内容も、アイデアとして盛り込まれた。

　初回の活動で手応えを得た荒山も、吉村がガイドブックに盛り込んだアイデアを取り入れながら活動を継続した。

「推し選手を決めようとなった時に、ちょうど大野耀平選手からお礼のビデオメッセージが届いたのですが、それを見た利用者のおばあちゃんたちが『かっこいいから大野選手を応援しよう』と言いはじめて、それ以来、ここでは大野選手の人気がすごいんです（笑）。しかも、大野選手はゴールを決めるという約束もちゃんと守ってくれますしね。富山県民は、約束を守る人が大好きなんです」

コロナ禍にもかかわらず、活動が拡大
オンラインの普及もプラスに作用した

　吉村がプロジェクト推進メンバーとなった2021年、天正寺サポートセンターを含めた2施設ではじまったカターレ富山の『Be supporters!』は、その年の夏から加速度的な広がりを見せ、計30施設、のべ約1000人の参加者を記録するまでに発展した。また、活動を継続する施設では、認知症により幻視やめまいの症状があった82歳のおばあちゃんが大野選手の応援をするようになってから「要介護度が3から1に改善されたように見える」と施設職員を驚かせるような、目に見える変化も表れはじめた。

　富山市内にある特別養護老人ホーム、ささづ苑の村井博昭も、施設内の変化を強く感じる職員のひとりだ。

「それまではカターレという言葉を施設内で聞くことはありませんでしたが、選手とのオンライン交流会やプロジェクターを使った試合観戦に、入居者さんと職員が一緒に参加するようになってから、カターレという共通言語ができました。まずそれが、いちばんの変

化です。次の試合ではどんな装飾をして応援しようかなど、試合日から逆算して応援の準備をするという習慣もできました。

　人は目標があると頑張れると思いますし、職員もそれに応えたいので、自然と入居者さんとのコミュニケーションも密になります。お互いを高め合えて、一緒の目標に向かってワクワクできることが、この活動のよいところだと感じています」

　予想を上回るペースで『Be supporters!』の実施施設が広がっていく中で、それぞれの活動内容も多種多様になっていった。ただ、世の中はまだコロナ禍の影響を受けていたため、カターレ富山の池田は、それらの活動をオンラインの画面越しで支えるしかなかった。「確かに不自由な点はありましたが、逆にオンラインが発達したことのメリットの方も多かったと感じています。たとえば、これだけ『Be supporters!』の実施施設さんが増えると、私ひとりですべての施設を訪問することはできません。でも、どこの施設さんもオンラインという手段を日常的に使うようになっていたので、選手との交流会、体験型記者会見など、オンラインを使った企画を定期的に実施できました。そういう意味では、この活動を広めていくうえで、コロナ禍を逆手に取ることができたと思います」

カターレ富山の『Be supporters!』が たくさんの当事者たちを幸せにした

　介護福祉現場の課題解決に一石を投じ、専門家からも注目されるようになった『Be supporters!』プロジェクトの効果は、施設利用者のみならず、それを取り巻く参加者や関係者にも波及した。

　天正寺サポートセンターでいちばん人気の選手として愛されているカターレ富山のFW大野耀平は、この活動に選手として関わるよ

うになった2021年に、前年度の3得点から6得点も上回る、自身のキャリアハイとなる9得点をマークした。

「実際に施設の方と触れ合う機会をもらってから、改めて自分の職業はいろいろな人に元気を与えられることを実感するようになりました。もちろん、これまでもチームが勝つために、また自分が成長するために、試行錯誤を重ねてきました。ただ、僕が得点を決めると、施設の方が得点ごとに飾りつけをしてくれることを知ってからは、よりモチベーションが上がるようになったと思います。

　僕が得点を決めて頑張っている姿を見せれば、施設の方が元気になってくれる。そういった強い想いが、得点数が増えることにつながる要因のひとつになったと思っています」

　天正寺サポートセンターの荒山は、カターレ富山という地元のJクラブとの関わりによって、家族の絆に変化が生まれた。

「私の影響もあり、今では80代半ばになる母親もすべてのホームゲームに出掛けて一緒に応援していますし、その時は県外に住む娘も帰ってきれくれるので、親子三代でスタンドから声援を送っています（笑）。母親も職場の友だちを誘ったりしていますし、世代を超えた新しい友だちの輪も広がっています。

　この活動でカターレさんに関わらせていただいたおかげで、高齢者の利用者さんだけでなく、いろいろな世代の人がつながって、本当にみんなが楽しく幸せになっています。この幸せを独り占めしてはいけませんから、カターレさん以外のチームの方も、ぜひ『Be supporters!』に参加されたらいいと思います」

　小学生の頃からサッカーをはじめ、学生時代にカターレの選手と試合をした経験もある、ささづ苑の村井には特別な想いがあった。

「子どもの頃の夢がプロサッカー選手になることだったので、今こ

うやってカターレさんと一緒にこのプロジェクトに関わらせてもらっていること自体が、本当に夢のようです。地域、高齢者、子どもも大切にしてくれるカターレさんには感謝しかありません。富山県にカターレがあって、本当によかったと思っています」

エントリーシートにつづった熱い想いを実行に移すことができたカターレ富山の池田も、『Be supporters!』の影響を受けている。
「サッカーに縁もゆかりもなかった人が、サッカーを通じてこんなにも幸せになってくれた。その現実を目の当たりにした自分が、こんなに幸せを感じられるとは思いませんでした。

だからこそ、もっといろいろな企業さんにJリーグのシャレンに目を向けていただきたいです。カターレ単独ではできない活動はまだまだたくさんあって、今回もサントリーウエルネスさんが資金面も含めて活動を主導していただいたからこそ、クラブとしてこのような地域貢献をすることができました。地域をよりよくしていくためにも、もっとJクラブに関わっていただけたらと思います」

想像を遥かに超える効果を実感するサントリーウエルネスの吉村には、この活動に対するエネルギーが満ち溢れている。
「世の中ではどんな状況に置かれている人たちも、必ずそれぞれにエネルギーや輝き、底力みたいなものを持っているので、周りの人がその可能性に気づくだけで、まったく違った世界が広がることがよく分かりました。改めてエンジンがかかる気持ちになりましたし、Jリーグの強みをお借りして、もっと日本各地にこの世界を広めていきたいと思っています」

サントリーウエルネスとカターレ富山が協働する『Be supporters!』は、それに関わったたくさんの人たちをつなげ、幸せにした。その幸せが、その世界が、これからも日本全国に広がっていくだろう。

7

松本山雅FC

スタジアムトイレに
生理用品の設置と生理への理解

「生理の貧困」とは、経済的事情から生理用品を買えない

のではなく、主に生理に関する知識の乏しさを指す言葉だ。

日本ではまだ十分とはいえない「生理への理解」を目標に

松本山雅FCが正面から取り組んだこの活動は

早くも他クラブが追随するなど、好影響を与えている。

提供：松本山雅FC

CHART 『スタジアムトイレに生理用品の設置と生理への理解』

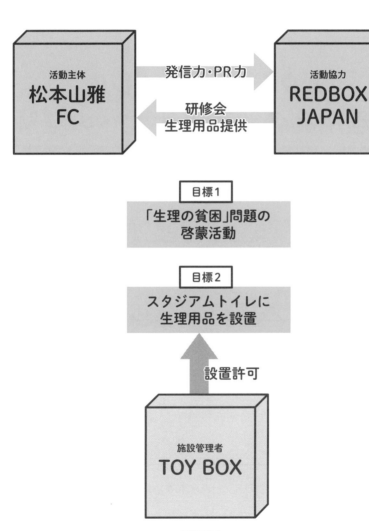

松本山雅FC
活動主体
→ 発信力・PR力 →
← 研修会 生理用品提供 ←
REDBOX JAPAN
活動協力

目標1
「生理の貧困」問題の啓蒙活動

目標2
スタジアムトイレに生理用品を設置

設置許可

TOY BOX
施設管理者

［協働者］
REDBOX JAPAN、松本山雅FCレディースU-15選手、TOY BOX（施設管理者）

生理への理解という問題意識を 持った女性 2 人の共鳴が発端に

　世の中には、解決しなければいけないとは分かっていても、なかなかその一歩を踏み出せずに、放置されてしまいがちな社会課題があります。2021 年に松本山雅 FC が着手したこの活動は、それを打破した取り組みのひとつと言えるのではないでしょうか。

　学校や行政でも敬遠されがちな難しい社会課題に対し、J クラブが正面から向き合ったこの活動のきっかけは、偶然にも同じ問題意識を持っていた 2 人の女性の出会いにありました。ひとりは、「REDBOX JAPAN」エバンジェリストの木戸彩さん。もうひとりは、株式会社松本山雅事業推進部の渡邉はるかさんです。

　木戸さんは、松本山雅 FC の事業パートナー「quod」の一員としてクラブの PR 活動のお手伝いをしていた傍ら、英国発祥のチャリティー団体の日本支部「REDBOX JAPAN」で、若者の生理用品支援や啓蒙活動に尽力していました。そんな中、スタジアムに生理用品を設置したスコットランドの名門クラブのセルティックと同じようなことが、松本山雅 FC ならできるのではないかと考えて相談した相手が、渡邉さんでした。

　実は渡邉さんも、以前からメディアを通して「生理の貧困」という社会課題に対して問題意識を持っていて、クラブとして何かできないかと漠然と考えていました。また、かねてよりレディースU-15 を対象としたコンディショニング講習会や、妊婦さんが安心して試合観戦できる「安心！ママサポチケット」を販売するなど、クラブとして女性に対するサポートに積極的だったことも、このハードルの高い活動を後押しする要因となりました。

生理の貧困の解決とスタジアムの トイレに生理用品を設置する

　この活動は、単純にスタジアムトイレに生理用品を置くことにとどまらず、むしろその背景にある「生理の貧困」という社会課題をいかにして解決していくか、という目的の方にポイントが置かれていました。「生理の貧困」という聞きなれないワードについて、木戸さんは次のように説明してくれました。

「英語の『Period Poverty』を日本語に直訳すると『生理の貧困』となるので、どうしてもこの言葉だけだと、お金がなくて生理用品を買えないという意味だと受け止められがちですが、ここで言う貧困とは、主に知識に対する貧困を意味しています。

　たとえば、若いうちから自分の体のことをよく知らなければ、お小遣いの範囲で生理用品を買う場合、どうしても優先順位が低くなってしまいます。また、トイレに流してしまうと、海洋ゴミとなって地球環境にも悪影響を及ぼします。そういった知識を広めることが、『生理の貧困』の解決につながると考えています」

　一方、同じ意識を共有する渡邉さんは、クラブとして、スタジアムトイレに生理用品を置くことの意義を話してくれました。

「試合観戦の日に生理が突然来てしまうと、楽しいはずの時間が憂鬱な時間になってしまうこともあります。そんな時、スタジアムのトイレに生理用品があれば、そういった方を助けることができますし、私たちが大事にしている『安全安心で、誰もが楽しめるスタジアム』という目標に近づくことができます。実際、ファンの方から『あって助かりました』という声も聞きましたし、そういった些細なことでもリピーターを増やせることを実感しました」

スタッフの研修会と選手への
フェムケア教育を絡めた活動

　スタジアムの女子トイレに生理用品を設置するだけでは本来の目的が達成されないと考えた2人は、渡邉さんの提案により、2019年に立ち上げた松本山雅FCレディースU-15のコンディショニング講習会の講師を木戸さんに担当してもらい、選手やスタッフが生理の知識を深めるための研修会を開催することから着手しました。「学校では生理の仕組みについては教わりますけど、生理用品の使い方や、生理が来た時の対応などは、私自身も具体的に学校で教わった記憶がありませんでした。そのため、木戸さんにはそういった具体的な話を含めた『フェムケア※5』の教育を選手にしてほしいとお願いしました。それに加えて、せっかくの機会なので、県内の女子サッカー指導者や関係者、そして一般の方の参加もクラブホームページで募集して、できるだけ多くの人にオンラインで研修会に参加してもらおうと考えました」（渡邉さん）

　そして、研修会の翌日のホームゲームで、いよいよスタジアムの女子トイレに、REDBOX JAPAN提供の生理用品を設置。ただし、それを実施するためには、乗り越えなければならないハードルがあると、木戸さんが自身の経験談を話してくれました。「私たちが提供する生理用品を女子トイレに設置するだけの話ですが、実はこれが簡単ではないんです。設置する側は、すぐに『誰が管理するのか？』『盗まれたらどうするのか？』と、組織としてのルールを求めてくるので、学校などでも意外と実現までのハードルが高く、話が立ち消えになることも少なくありません」

　しかし松本山雅FCの場合は、以前レディースの監督をしていた

※5＝「Feminine（女性の）」と「ケア（Care）」を掛け合わせた用語で、女性の体や健康のケアをするための製品（商品）やサービスを意味する

生理用品を実際に使用した人が書いたお礼のメッセージを持つ、松本山雅FCの渡邉はるかさん。メッセージが書かれた紙は女子トイレに置かれており、「急に必要でこちらからお借りしました! 本当に必要とする方の為に1個、戻しておきます とても助かりました」と書かれていた（提供:松本山雅FC）

方がスタジアム管理会社に出向していたことで、話はスムーズに進み、そこは問題にならなかったそうです。ただ、最初の一歩を踏み出す時に苦労があったことを、渡邉さんが明かしてくれました。

「まず上司にこの活動について説明する時、生理という単語を自分の口から男性の前で発することに葛藤がありました。それと、実際にトイレに設置する作業を男性スタッフにお願いしていいものなのかも、最初は悩みました。でも、自分自身がそのハードルを乗り越えなければ何もはじまらないので、勇気を出して各所に説明して回ったのですが、いざ話してみるとネガティブな意見もありませんでしたし、やってみればいいじゃないかという話になりました」

渡邉さんが一歩を踏み出したことで、生理について学ぶ機会が提供され、スタジアムトイレに生理用品を設置することも実現。クラブの男性スタッフも積極的にこの活動に関わって、設置作業はもちろんのこと、生理用品の設置場所に掲示する、利用者の意識を高めるための自家製POPも作成してくれたそうです。

クラブ内で深まる生理への理解
レディース選手たちの「安心」へ

　2021年にはじめた松本山雅FCの『スタジアムトイレに生理用品の設置と生理への理解』は、目に見える成果が得られにくい活動と言えます。なぜなら、レディースの選手や地域の人たちの生理への理解が深まったかどうかを数値化できるものでもありませんし、スタジアムトイレに設置した生理用品の利用回数を増やすことを活動の目的としているわけではないからです。

　しかし渡邉さんは、目に見えない成果を実感していました。
「個人としては、生理のことを抵抗なく話せるようになりました。それは、周りの人たちの生理への理解が深まり、私の話をしっかり受け取っていただけるからだと思います。クラブとしては、若い男性スタッフでも抵抗なく生理用品の設置作業をしてくれて、日常会話でも生理という単語を普通に使える環境が社内にできあがったことが大きな変化ですし、それも活動の成果だと感じています。

　また、この活動をはじめてからお問い合わせをいただくことが増え、こういった活動をする松本山雅を応援しますという励ましの声や、『協力できることはありませんか？』といった連絡をいただいて、この活動の協力者を増やすことにもつながりました」

　研修会の講師を務めた木戸さんも、手応えを感じています。
「スポーツチームでの講義は初めてでしたので、私なりの工夫をしてみました。生理との向き合い方でパフォーマンスが変わること、人それぞれで生理のつらさが違うので、チームメイトへの思いやり、お互いを理解しようとする気持ちが大切で、とくにサッカーのようなチームスポーツでは欠かせないことだという話もしました。

また、今回の研修会で大きかったのは、指導者やクラブの男性スタッフも一緒に参加したことでした。若いレディースの選手たちにとって、大人の男性が同じ場にいてくれただけでも、安心材料になると思います。そもそも私の話をすべて覚えてもらうことが目的ではなく、このような安心できる環境をつくっていくことを目指しているので、そのための第一歩になったと感じています」

　松本山雅FCの活動は、確実に周囲の環境を変えつつあるようです。その環境づくりが一歩一歩進んでいくことで、いずれ目に見えるような大きな成果を手にする日が来るかもしれません。

The VOICE

小林陽介さん 松本山雅FC レディースU-15監督

「研修会に参加して、日常ではなかなか学べないことを学ぶよい機会になり、すごく勉強になりました。この活動を続けていくことで、そういった会話が当たり前にできる環境になると思いますし、なるべく年齢的に早い段階で学ぶ機会を設けた方がよいと感じました。まずはクラブ内で普通に話せる環境をつくり、もっと女性スタッフを増やして男女の壁を破っていくことも大切だと思います。指導者としても、体温管理など、できるところからはじめたいです」

花岡暖和さん 松本山雅FC レディースU-15

「研修会をきっかけに、下級生のことを気にすることができるようになりましたし、他の人と話すことで悩みを解決できることも分かりました。それと、今後は松本山雅のデザインとか、Jリーグのクラブごとのパッケージの生理用品をつくったら、もっと私たちのような若い人でも買いやすい環境になると思います」

生理への理解をより深めるために
次世代への活動の継続と発信を

課題

　すべてが順風満帆に進んだ松本山雅FCの活動ですが、どんな活動にも課題はあるはずです。課題は失敗を意味するわけではなく、課題を今後に向けた改善ポイントとしてとらえることが、その活動をさらに発展させていくことにもつながります。

　では、木戸さんが感じる課題はどこにあったのでしょうか。
「トイレに生理用品を設置する場合、こちらである程度のルールを決めておいた方が受け入れられやすいのではないかと感じています。初めて導入する側からすると、右も左も分からないのに自由にどうぞと言われても、何をしてよいのか見当もつかないと思うので、そこはREDBOX JAPANの課題なのかもしれません。

　もうひとつは、『生理の貧困』というテーマをいかにして相手に重く感じさせないか、という課題も残されています。やってみるとシンプルなことでも、語れば語るほど重くなってしまうのがこのテーマの特性でもあるので、そういう意味では、アウォーズで賞を受賞したことで、メディアのみなさんや周りの人たちからこのテーマを発信してくれることを、ありがたく感じています」

　渡邉さんは、今後の課題として継続性を挙げました。
「スタジアムトイレに生理用品を設置すること自体は手がかかる作業ではなく、それほどクラブの負担にもならないので、今後も継続していけると思います。その一方で、この活動を進めていくうえで最大のポイントになるのは、生理についての周囲の理解を深めていくことです。その意味でも、次世代を担う子どもたちのためにこの活動を続けていくことが、いちばんの課題だと思います」

他のクラブも松本山雅FCに追随
活動が全国に広がっていく可能性

　渡邉さんが話してくれたように、この活動は継続することによっ
て少しずつ成果を得られるという性質があるため、具体的に活動を
発展させるまでにはそれなりの時間を要します。ただ、そんな中で
も、松本山雅FCが最初のハードルを乗り越えたことの影響は大きく、
さっそく別のところでその効果が表れているようです。

「この活動が実現したことで、最近は他のクラブからやってみたい
という相談をいただくことが増えました。コロナ禍の影響で話がな
かなか進まない実情はありますが、すでにお声掛けをいただいてい
ること自体がうれしいことですし、これがひとつのケーススタディ
になると喜ばしいです」とは、木戸さんのお話ですが、渡邉さんに
よれば、松本山雅FCの活動を見本に、さっそく別のJクラブがス
タジアムトイレに生理用品を設置することを実現したそうです。

「この活動を知ったいわてグルージャ盛岡さんが視察に来てくれて、
その後、スタジアムトイレの生理用品の設置が実現したという連絡
がありました。グルージャさんにはREDBOX JAPANのことも伝
えましたが、スポンサー企業に生理用品を提供してもらったようで
す。また、地元の女性支援団体さんの協力で、設置場所にチラシを
置くなどして、その地域に適したスタイルでこの活動をされている
ことを聞いて、改めてこの活動の可能性を実感しました」

　この活動は、結果的に渡邉さんというひとりのスタッフが、自分
の所属クラブを使って難しい社会課題に取り組んだお手本として、
日本全国にある他のJクラブに影響を与えるに至りました。そして
その輪は、まだまだ広がりそうな可能性を秘めています。

8

ブラウブリッツ秋田

秋田健康幸せ（健幸）プロジェクト

多種多様な地域課題の中でも、「健康」に関する課題は
専門的なアプローチが求められるだけに、解決が難しい。
そんな中、地元企業が持つ最新の健康管理システムを活用し
成果をあげつつあるプロジェクトがある。企業の実証実験から
行政との連携に発展し、より多くの人を「健幸」へと導いている。

提供：ブラウブリッツ秋田

目標

秋田県民の健康寿命を延ばしていく

秋田県のJクラブ
ブラウブリッツ秋田

地元企業
㈱アルファシステム

健幸プログラム
体操教室／栄養講座

職員の健康情報を
フィードバック

健康管理システム
「シルミー」「インボディ」

地元企業
㈱きららホールディングス

目標

市民の健康づくりを推進し、健康寿命の延伸、
社会保障費の削減、地域経済の発展に寄与する

発展

発展

**にかほ市健幸プログラム
BLAUBLITZ 健幸プロジェクト**

にかほ市×ブラウブリッツ秋田×㈱アルファシステム×セルスペクト㈱

［協働者］
株式会社アルファシステム、株式会社きららホールディングス、大塚製薬株式会社

秋田県特有の健康課題解決へ──
コロナ禍で募った地域貢献の想い

発端

　内閣府の調査によれば、秋田県は2021年の都道府県別高齢化率で全国1位（38.1％）。このまま推移した場合、2045年には50.1％に到達するという予測も示され、そうなると県民の約半数が65歳以上という状況となります。その他、生活習慣病による死亡率の高さなど、以前から秋田県は多くの健康課題が指摘されており、行政もそれらを解決するための施策を打ってきました。

　ブラウブリッツ秋田が2020年からはじめた一連の活動は、そんな秋田県の地域課題に対し、クラブが行政や企業と手を取り合って解決に乗り出した注目の取り組みと言えます。

　では、どのようにして地域の健康課題を解決しようとしているのでしょうか。まずはその前に、今回の活動がスタートした経緯について、ブラウブリッツ秋田to C事業部の伊東佑多さんが説明してくれました。

「秋田県は『健康寿命日本一』を掲げていますが、クラブとしても以前から秋田県特有の健康課題に着目していました。そんな中、2020年にコロナ禍がはじまり、クラブとしてサッカー以外で何か地元に貢献しなければいけないと考えはじめたのがきっかけです」

　そこで、クラブのスポンサーで地元ヘルスケア関連企業の株式会社アルファシステムに伊東さんが相談を持ちかけると、以前からブラウブリッツ秋田が健康推進活動に積極的だったことを知っていた佐藤嘉晃社長がそれに賛同し、アルファシステムが持つICT[※6]のノウハウと、クラブが持つリソースを活用し、地域住民の健康増進のための新たな活動を進めることになりました。

※6＝「Information and Communication Technology（情報通信技術）」の略で、通信技術を活用したコミュニケーションを指す

県民の健康寿命を延ばすことと
健康管理システムの実証実験

　この活動のきっかけをつくったのは、地元Jクラブのブラウブリッツ秋田と、地元企業のアルファシステムの2者ですが、どちらにも共通する大きな活動目的がありました。それは、冒頭でも触れたように、秋田県が地域課題として抱えている県民の健康寿命（健康上の問題で日常生活が制限されることなく生活できる期間）を延ばしていく、という目標です。

　それと同時に、アルファシステムには、自社で開発した最新の健康管理システムを使った実証実験の実施という、企業としての目的もありました。いくら先進的な技術を持っていても、それを社会で活用するためには実証の場が不可欠になります。つまり、企業としてそういった実証の場を求めていたことも、活動に賛同した理由のひとつでもありました。

　また、ブラウブリッツ秋田には、もう一歩踏み出したところにある目標があったことを、伊東さんが明かしてくれました。
「コロナでJリーグが中断され、クラブはサッカーだけでは成り立たないことを痛感しました。そんな中、今回の活動の話がとんとん拍子で進んでいくうちに、実証実験を終えたあかつきには、この活動で得た経験を生かし、いずれはブラウブリッツ秋田の持っているリソースを使った健康増進活動をパッケージ化してマネタイズする可能性があるのではないかと考えはじめました」

　コロナの影響により、改めてプロサッカークラブの在り方を考え直した関係者は少なくありません。その意味では、社会連携活動を事業化することも、Jクラブが生き残るための手段と言えます。

ウェアラブルデバイスを企業の 従業員が装着してデータを収集

2020年に実施した『秋田健康幸せ（健幸）プロジェクト』は、予想を上回るスピード感で進展しました。その背景には、クラブとスポンサー企業との間にある強いつながりがありました。

伊東さんが、改めて活動開始までの経緯を振り返ります。「具体的な活動内容を話し合っていく中で、クラブのスペシャルスポンサーでもあるTDKさんが開発したウェアラブルデバイスの『Silmee（シルミー）』を、アルファシステムさんがヘルスケア関連の事業で使用されていることが分かりました。『シルミー』は腕時計型の活動量計ですので、それと健康管理システムを連動させることがすぐに決まり、次に実証の場を探すことになりました」

そこで伊東さんが声をかけたのが、同じくクラブスポンサーで、介護福祉事業や人材派遣も手掛けている地元企業、きららホールディングスでした。すると、社として「職員の幸せの追求」を目標に掲げるきららホールディングス側も、伊東さんの提案は健康投資につながると感じて快諾。こうして2020年9月、ブラウブリッツ秋田、アルファシステム、きららホールディングスの3者連携活動発表記者会見が開かれ、活動がスタートすることになりました。最初にこの活動の話が持ち上がってから、約半年後のことです。

実証実験的な要素を含んで推進されたこの活動は、3段階で実施されました。最初に、きららホールディングスの従業員70人に『シルミー』を3ヶ月間にわたって装着してもらい、1日あたりの歩数や運動量といった生体データなどを集めると同時に、体組成計『InBody（インボディ）』を活用して従業員の健康状態をチェックし

てアルファシステムのITシステムで管理すること。その間、そこ
で収集したデータをもとにブラウブリッツ秋田のリソースを活用し
た３つの健幸プログラムを実施すること。そして最後に、実施期間
終了後に従業員の健康状態や活動量の数値的変化を確認し、それぞ
れにアンケート調査を行うことでした。

　伊東さんが、ブラウブリッツ秋田が実施した２段階目の活動内容
について説明してくれました。
「クラブのトレーナーによる健康体操教室や専属の管理栄養士によ
る栄養講座を開催しました。その他にも、試合観戦もミックスした
１日健康プログラム体験も実施するなど、ブラウブリッツ秋田が持っ
ているリソースを最大限に活用して、きららホールディングスの従
業員さんたちに体験していただきました」

　こうして2020年９月から12月にかけて実施した『秋田健康幸せ
（健幸）プロジェクト』は、約４ヶ月ですべてのプログラムを終了。
大好評のうちに、一旦その幕を閉じることになりました。

The VOICE
株式会社きららホールディングスの声

「今回の活動に参加するにあたり、社内で希望者を募ったところ定員の
70人を超える応募があり、職員の健康への意識の高さを感じました。実
際にプログラムに参加した職員からは『自分の健康状態が分かり、食事
や運動など健康に気をつけるようになった他、心の面でも変化を感じた』
という声もありました。中には『ブラウブリッツのトレーナーさんや管理栄
養士さんによるプログラムを通して、チームの一員になれたような気持ち
になれて、ファンとしてもっと応援したくなった』という職員もいました」

過去最大規模の生体データを集約
多くの参加者の健康意識も向上

成果

　実証実験的な要素を含みながらも、秋田県民の健康寿命を延ばすという共通の目標を掲げて実施された今回の活動は、その中心となったアルファシステムとブラウブリッツ秋田に一定の成果をもたらすことになりました。

　まず、自社の健康管理システムをサービス提供したアルファシステムでは、そのシステムを使った実証例としては過去最大規模となったこともあり、多種多様な生体情報データを集約管理することができたと言います。また、活動中にはブラウブリッツ秋田のトレーナーや管理栄養士によるセミナーも開催されたため、参加者に運動や栄養の啓発を促しながら、実際の健康状態を明確化。その相乗効果が生まれたことも含めて貴重な実証機会になったと、社内でも大きな反響があったようです。

　ブラウブリッツ秋田の伊東さんも、参加者たちのアンケート調査結果を確認して、活動の成果を実感したと言います。
「アンケート結果の7～8割の参加者が、健康意識が向上したと答えてくれたことが、何よりの成果です。中には4kgのダイエットに成功した人や、1日の平均歩数が約3ヶ月で1500歩も増えたという人もいました。今回は関係者のみなさんのご協力もあり、無償できららホールディングスさんの職員にご参加いただきましたが、今後はクラブとして同じようなサービスを、もっと多くの県民の方にも提供できるのではないかと感じられたことも、成果でした」

　そこで伊東さんは、2020年の活動で得た収穫を無駄にしないよう、次なるプロジェクトを考え、動きはじめました。

システム管理のブラッシュアップと
参加者が求めるレベルの機器導入

　参加者たちの声も含め、掲げた目標をおおよそ達成することに成功したブラウブリッツ秋田の『秋田健康幸せ（健幸）プロジェクト』ですが、収穫と同時に、それぞれには課題も残ったようです。

　この活動を、自社の最新健康管理システムの実証の場とも考えていたアルファシステムでは、たとえばシステムの管理者がより使いやすいユーザーインターフェースにするなど、生体情報を集約した管理画面の内容やデザインなどを、さらに洗練させる必要があることに気づかされたと言います。また、可視化された健康状態について、利用者自身が今後の行動変容につながるような活用の用途についても、より深く突き詰める必要があると、今後に向けた課題を挙げてくれました。

　では、この活動をクラブとして事業化する可能性を感じたと話していた伊東さんは、その目標に向けてどのような課題を感じたのでしょうか。

「もちろん、事業化の可能性は現在も感じていますが、私たちクラブには、まだこのような活動を企業さんに対して継続的にサービス提供するための人的リソースが不足しています。よい未来を描けそうではあるものの、現実を考えるとなかなか手を出せないというのが、実際のところです。ただ、今回の活動とは違ったスキームにはなりますが、その経験を生かして、その延長線上にある新しい活動につなげることができました」

　伊東さんの言うブラウブリッツ秋田の新たな社会連携活動については、次の「発展」のページで詳しく紹介していきます。

ホームタウンのにかほ市と連携
体操教室やバスツアーを実施

　2020年の活動によって手応えを得た伊東さんは、行政と連携することで、活動をさらに発展させられると考えました。

「その年の12月、当時のホームタウンの秋田市、にかほ市、由利本荘市、男鹿市にお声がけをさせていただきました。その中で、前身のTDKサッカー部時代に活動拠点とし、現在はマザータウンとしてホームタウン市のひとつとしてサポートいただいている、にかほ市さんからポジティブなお返事をいただきました」(伊東さん)

　それを受け、ブラウブリッツ秋田はアルファシステムとともに、にかほ市に具体的な提案をすると、にかほ市側も翌2021年度の事業予算に計上することを決定。さらに新たな協働者として、体外診断薬や医療機器の開発と製造販売などを行う岩手県のセルスペクト株式会社を迎え、4者による『BLAUBLITZ健幸プロジェクト』が、にかほ市で実施されることになりました。

　具体的な活動内容については、にかほ市商工観光部スポーツ振興課副主幹の佐藤紀子さんが説明してくれました。

2022年の健幸バスツアーでは、試合前のピッチでウォーキング教室や体操教室が行われた(提供:ブラウブリッツ秋田)

※7=「Social Impact Bond(ソーシャルインパクトボンド)」の略で、従来行政が担ってきた公共性の高い事業の運営を民間組織に委ね、その運営資金を民間投資家から募る社会課題の解決のための仕組み

「アルファシステムさんにお願いしたのは、姿勢のゆがみ、下肢筋力、握力、歩行年齢などをデータ化し、参加者が映像を見ながら自分の体について把握できるサービスです。セルスペクトさんには、血糖値、中性脂肪、コレステロール値をチェックするための血液検査やオーラルチェックをしていただきました」

ブラウブリッツ秋田が提供した、にかほ市民向けのサービスは、クラブの人的リソースを活用した体操教室や栄養講座と、今回は「健幸バスツアー」も加えられました。ツアーでは、にかほ市民が試合前のピッチで体操教室とウォーキング教室を体験し、クラブ管理栄養士監修のお弁当を食べながら試合を観戦するというプログラムで構成され、参加者から大好評を得たそうです。

にかほ市の佐藤さんも、「健康推進課からも、民間企業の力を借りたことで参加者の健康状態を可視化できるようになり、健康課題もより明確になったことと、斬新な内容で参加者にとても好評だったという話を聞いています」と、今回の活動を評価しています。

現在も継続するにかほ市との取り組みの今後について、ブラウブリッツ秋田の伊東さんが話してくれました。

「自治体さんと連携したこうした活動によって、クラブも市民の方の健康と幸せに貢献できることが分かりました。他の地域で成功しているSIB[※7]を参考にしながら、さらに健康に特化した活動を続けていけば、いずれは秋田モデルのようなものをつくれるのではないかと考えています。また、そうすることで、地元の方にもっとクラブのことを知っていただき、応援してもらえるようになりたいので、今後もこのような活動を続けていきたいと思います」

トライアル活動で得た経験を生かし、本格活動に発展させた『BLAUBLITZ健幸プロジェクト』からは、今後も目が離せません。

撮影：長谷川拓司

特 別 対 談

中村憲剛 × 島田慎二
Bリーグチェアマン

プロスポーツと
社会連携活動

なかむら・けんご
1980年10月31日生まれ、東京都出身。都立久留米高―中央大―川崎フロンターレ。川崎フロンターレでは18年間プレーし、クラブの象徴的な存在となる。2020年に引退し、現在はフロンターレ リレーションズ オーガナイザー（FRO）を務める。日本代表として国際Aマッチ68試合出場、6得点。22年にはJリーグ特任理事に就任。

しまだ・しんじ
1970年11月5日生まれ、新潟県出身。日本大学卒業後、旅行会社に勤務し、2010年に㈱リカオン設立。2012年より、㈱ASPE（現千葉ジェッツふなばし）代表取締役社長、Bリーグ副理事長、日本トップリーグ連携機構クラブ経営アドバイザーなどを歴任し、20年7月からはBリーグチェアマン、日本バスケットボール協会副会長などを務める。

日頃から支えてもらっている人に
喜んでいただくことが何よりも大切

中村 今回は「プロスポーツと社会連携活動」というテーマの対談になりますが、ＢリーグにもＪリーグのシャレンと似た主旨で「B.LEAGUE Hope」（以下、B.Hope）という活動があります。まずは、それがどのようなものなのかを教えていただけますか？

島田 アメリカのNBA（ナショナル・バスケットボール・アソシエーション）に「NBA Cares」という選手たちの社会貢献活動があります。Ｂリーグは2016年にスタートしましたが、その頃から競技面以外に「NBA Cares」のような活動を積極的に進めましょうという話があり、翌年から「B.Hope」がはじまりました。

　ただ、リーグとしてそういった大儀を掲げる前から、各クラブは地元のファン、スポンサー、自治体などに協力をしてもらっているので、日頃応援してくれている方に何らかの還元をしたいという意味で、それぞれ社会貢献活動を進めていました。ですから、もともとは各クラブがやっていたことが礎になっています。

中村 Ｊリーグと似ていますね。僕も川崎フロンターレに入団した時から、地元の方たちにフロンターレを知ってもらうために、いろいろなところに足を運びましたが、当初僕自身はそれが社会貢献活動であるというイメージはなく、とにかく応援してもらうために、試合を見に来てもらうために地元の方たちに直接会いに行く活動としてとらえていました。それを続けていたら、次第にフロンターレをハブにして地域の課題解決などあらゆる面で市民のみなさんにクラブを活用してもらえるようになったという経緯があります。

　Ｊリーグのシャレンも、僕が当時の村井満チェアマンに「クラブ

が頑張っているのに、Jリーグは何もしてくれない。旗を振ってほしい」と生意気ながら伝えたことをきっかけにはじまったので、そういう意味でも「B.Hope」と近いものがあります。

島田 そもそもBリーグはJリーグの初代チェアマンだった川淵三郎さんが立ち上げたので、いろいろなものが似ていて、たとえば地域密着というスタンスも同じです。いかにクラブが地域に根づいて、地元の支援を得て、クラブがサステナブルなものになっていくための土壌をつくっていけるのか。そのために、選手もフロントも頑張っているという意味では、Jリーグと根っこは一緒ですね。

とはいえ、まだBリーグでは各クラブの経営的にも人的リソースも充実しているわけではないので、Jリーグほどの社会貢献活動ができているわけではないというのが実情です。

中村 僕自身もシャレンのオンラインミーティングに参加したことがありますが、話をうかがっていると、スタッフの人数や活動内容、規模の問題など同じような悩みを抱えているクラブは多くあります。それと、チームが勝てていない時にシャレンの活動をしたら、ファンから叩かれてしまうのではないかという心配の声も聞きました。

でも、僕ははっきりと「そんなことは関係ないと思います」と意見させてもらいました。なぜなら、僕自身がそうでしたから（笑）。当時のフロンターレは決して上位を争うチームではありませんでしたし、優勝争いをするようになってからも、そういった活動が足かせになっているから優勝できないと言われていた時期もありました。でも、最終的にはシャレンを続けながら、しっかりと優勝できるクラブになれました。それは僕自身が経験したことなので、心から強く言えることです。説得力はかなりあったかなと思います。

結局、クラブは日頃から支えてもらっている方たちに喜んでいた

だくことが何よりも大切なので、そういった活動をすることによって地域のみなさんが喜んでもらえるなら、それは絶対に続けるべきだと思います。そこをブラさず、担当スタッフが丁寧にその活動をする意味を説明すれば、きっと選手たちも理解してくれるはずです。それは伝え方の問題ですし、Ｊ１やＪ２などクラブの規模の問題でもなくて、「地域のみなさんが喜んでくれる活動に悪いことはひとつもない」という想い、熱量の方がずっと大切だと思っています。

島田 憲剛さんが引退されても、フロンターレにはしっかりと“中村憲剛イズム”が浸透しています。もちろん熱量のあるスタッフがいることも大切ですが、いまの話を聞いて、こういった方がクラブにいてくれることが改めて重要だと感じました。

　川崎ブレイブサンダースの篠山竜青選手と家族ぐるみで親しくしていただいているとうかがっていますが、彼も憲剛さんの影響を受けて、随分と変わりました。社会貢献活動のこと、ファンを大切にすること、支援を当たり前に思わないことを口にするなど、憲剛さんの影響を受けていると思います。だからぜひ憲剛さんには、我々Ｂリーグの選手向けの研修会などにご登壇いただきたいと思っているんです（笑）。そうした経験を持つ方から直接話を聞けるか聞けないかでは、すごく大きな差が生まれますからね。

勝っても負けても生きていくために
クラブの社会連携活動は必要不可欠

島田 これまでＪリーグのシャレンを興味深く見させていただいていますが、すごく進化を感じるというか、各クラブが本当にいろいろな活動をされていますよね。そこは歴史の違いなのかもしれませんが、Ｂリーグと比べてＪリーグの活動の方が圧倒的にバリエーショ

ン豊かで、それぞれの活動自体が面白い。

　Ｂリーグは各クラブの所属選手も12人で、全員が主力みたいな感じなので、スタッフも含めた人的リソースの問題があって、活動のバリエーションをなかなか増やせない事情があります。

中村　確かにサッカーの場合は、各クラブが30人前後の選手を抱えているので、試合に出場していない若手選手などは、研修的な意味合いで社会連携活動に参加しやすい環境はあると思います。そういう活動を通して、プロとして自分が何者であるのかを認識できる。個人的には、実はそれがすごく大切な部分だと感じています。

　ただ、最近は少し危機感を感じているんです。とくに川崎で言えば、ブレイブサンダースの勢いをすごく感じていて、そうなるとフロンターレが常にその先を行かなければいけないというプレッシャーがかかってくる。もちろん、ＪリーグとＢリーグが対立しているわけではありませんが、もしフロンターレが慢心してゆっくり歩いてしまうと、背後からブレイブサンダースがものすごいスピードで駆け上がっているので、追い越されてしまうかもしれません。

島田　そういう風に言っていただけるのはありがたいことですが、我々としては、まだまだ先は長い道のりだと感じているところです。Ｂリーグはまだ新興産業のようなものですから、もっといろいろ仕掛けていかないと、ますますＪリーグの背中が遠くなるばかりなので。それゆえにＢリーグは前例のないことにチャレンジしていこうとしているので、その姿勢が勢いのように見えているのかもしれません。憲剛さんの言う危機感というのは、先を走っているからこその危機感ですし、我々は追いつかなければいけない立場なので、とにかく"やんちゃ"にやっているだけです。

　最近は、野球、バレーボール、ハンドボールなど、実業団ではあ

るにせよ、地域密着を強く意識したスポーツクラブや団体が増えています。もちろん同じスポーツという軸で地域を盛り上げていく仲間ではありますが、その一方で、現実問題としては地域の限られた資源の中で競争しているという側面もあります。その中でファンを増やし、試合を見に来ていただくためには、それ相応の努力をしなければいけません。そういう意味で、川崎の場合は、ブレイブサンダースの前をJリーグのトップランナーのフロンターレが走ってくれているので、追いかけやすいのではないのでしょうか。リーグ側から見ても、適度な競争はよいことだと思って見ています。

中村 島田さんがおっしゃるように、川崎にはアメリカンフットボールやバレーボールなど、サッカーやバスケットボール以外にもいろいろなスポーツがあります。そして、どのスポーツも地域の子どもたちのため、街の活性化のため、という土台があって、一緒になって地域貢献活動に取り組んでいます。僕は、スポーツでみんなが元気になることはすごくよいことだと思っているので、そこであまり競争を意識する必要はないと感じています。地域と関われる活動に参加すること自体に、マイナスなことはない。調整役のスタッフのみなさんは大変かもしれませんが、選手たちも積極的に社会連携活動に参加した方がいいと思います。

　僕自身の経験で言うと、結果的にそういった活動に参加すると、いつも「行ってよかった」と思って帰っていたうえに、逆に僕たちが地域の方からパワーをもらっていると感じていました。選手としてピッチでサポーターに喜んでもらうことはプロとして当たり前として、ピッチ外の活動もとても大切だと思っています。たとえばですが、スタンドから応援している選手と一緒に多摩川でゴミ拾いをした子どもは、きっとゴミを捨てなくなると思うんです。ゴミ拾い

をしながら、選手が子どもたちに「ゴミを捨ててはだめだぞ」と話しかけて、そこで子どもに「はい！」と言ってもらえたら、選手もうれしくなりますし、もっと頑張ろうと思えます。

島田 Bリーグでもそういった好循環をつくっていきたいと思っています。とくにリーグからクラブに対して社会貢献活動をしないといけません、と言っているわけではありませんが、先ほどお話しした「B.Hope」は特設WEBサイトで各クラブの活動を掲載していますし、クラブはクラブで活動にスポンサーをつけて実施していたりして、ようやく浸透しはじめてきました。おそらく各クラブは自分たちが生きていくためにやらなければいけない活動として、認識しているのだと思います。

　そもそもスポーツは勝負ごとなので、優勝チームから最下位チームまではっきりとした序列ができる残酷な世界でもあります。要するに、勝てないチームは応援してもらえないとなってしまうと、それこそクラブの経営も成り立ちません。ですから、勝っても負けても生きていかなければならないと考えたら、そういった地域活動が必要不可欠になると思います。

応援する社会をつくるという点で
スポーツはものすごく相性がよい

中村 これからのスポーツクラブの在り方を考えた時、少子化問題も含め、クラブを取り巻く環境がものすごいスピードで変化しているような気がしています。おそらく、今後はより地域に根ざしていかないと、現状を維持することも難しくなるのではないでしょうか。そういう意味で、クラブは地域とより密になって、日常の中に当たり前のようにいる存在になっていかないといけないと思っています。

とくに最近は娯楽のバリエーションが増えているので、お客さんの取り合いのような側面もあります。川崎で言えば、横浜や都内もすぐにアクセスできるので、川崎市のみなさん、周辺のみなさんにいかにスタジアムに来てもらえるかを考えると、より地域活動を増やしていかないといけないのではないかと考えています。現状維持は後退のはじまりだと思いますし、クラブのスタッフとも、そんな話をする機会が増えてきました。

島田　同感です。確かに、現在はそういう時代背景が間違いなくあると思います。その中で、リモートワークもきっかけのひとつになると思いますが、これからの日本は地方の時代になっていくのではないかと考えています。「日本の魅力は何か？」と聞かれれば、それは自然、重要文化財、食など、いわゆる観光資源と言われているものですし、その文脈でいけば、地方には素晴らしい観光資源がたくさんある。そのひとつに、ＪリーグやＢリーグのクラブが加わっていくことができると思います。

　地方には豊富な観光資源はありますが、地域の人が熱量を持って興奮できるものは意外と少ないのが実情です。そのためのコンテンツとしては、スポーツがいちばん分かりやすいですし、ツーリズムの観点からも、精神衛生上の観点からも、個人的には観光とスポーツがこれからの日本を支える重要なキーファクターだと考えています。そういう意味で、地方に点在するクラブが、いかにして経営的に元気になって、その元気を地元地域に還元できるか。その循環をサステナブルなものにしていければ、地方がより元気になっていくのではないでしょうか。そのエンジン役となり得るのが、憲剛さんが言われたクラブの社会連携活動なのだと思います。

　もちろん、多くのファンを集めることは、我々からすればビジネ

ス的なエッセンスではありますが、その中で、地域の人たちがスポーツで興奮や情熱といった人間の本質的な喜びを感じていただければ、きっとクラブと地域の好循環も生まれるはずです。

中村 スタジアムやアリーナには、非日常の世界があります。2022年の天皇杯決勝戦やルヴァンカップ決勝戦は、なかなか見られないような劇的な展開の試合になりましたが、ああいった試合で感じられる興奮や感動は、何でも早送りや短時間でコンテンツを楽しむ習慣になっている現在の世の中で、滅多に経験できないものだと思います。現在は"声出し応援"も解禁されてスタジアムの日常が戻ってきました。やはりサポーターの声援があると選手も頑張れますし、それによってドラマも生まれやすくなります。その価値をどうやって伝えていくかが大事なことだと思います。

　ただ、それは思っているほど簡単なことではないと感じているのも確かです。先日、母校の中央大学に行ったのですが、学生たちが驚くほどサッカーに興味を持っていない事実を知りました。僕にとっては、ある意味でショッキングな出来事でしたが、よくよく考えてみると、SNSやインターネットなどは自分の好きなものしかフォローしないものなので、自分のタイムライン上ではすごく賑わっていると思っていても、一歩外に出てみると、サッカーにまったく関心のない人がたくさんいることが分かります。

　逆に、そういった若者たちをどうやってこちら側に引っ張ってくるかを考えるきっかけにもなったので、今はポジティブにとらえていますが、現状はなかなか難しい環境になっていることは間違いないですね。サッカーで言えば、あのワールドカップでさえも地上波で放送されない試合もあるわけですし、危機感しかありません。

島田 確かに時代背景が大きく変わってきていますから、ファンを

増やすことは簡単ではありません。そういう意味でも、やはりカギは地方にあるのではないでしょうか。おそらく、その地域にサッカーやバスケットボールのクラブが存在していることの意義や価値は、以前にも増して高まってくると思いますし、その中で重要になってくるのが、応援するという文化だと考えています。

　最近はインターネット上、あるいはSNSで揶揄したり叩いたりして、人の心を傷つけることが日常化しています。テクノロジーの進化によって社会の分断が進んでしまい、それを見て育つ子どもたちの未来が心配になってしまいますが、実はそれと対極にあるのが、人を応援する行為だと思います。

　人が頑張っている姿を応援する、人が努力していることを褒めてあげる。人の足を引っ張るのではなく、応援するということを子どもたちに浸透させようと思うと、やはりスポーツがいちばん分かりやすいわけです。地元のクラブで頑張っている選手を応援することをきっかけに、応援する社会をつくっていくという意味で、スポーツはものすごく相性がよいと思いますし、そこにスポーツクラブの社会的価値があるのではないでしょうか。これはBリーグの考えというよりも、個人的な想いになりますが、そういった社会貢献ができるのが、スポーツクラブだと思っています。

中村　そうですね。そのためには選手がもっと地域に出て行って、その意義や価値を可視化してもらわなければいけません。応援してくれる地域の人に選手自身が直接会って、もっと顔を見せていくことが大切で、それがシャレンのコンセプトだと思います。

　そうやって、地域のみなさんが選手たちを可視化できる機会をつくることが大切で、まさにそれが「Jリーグをつかおう！」というキャッチフレーズの意味なのだと思います。

全クラブ の

アウォーズ・エントリー
活動一覧
＆
各クラブ「シャレン！問い合わせ先」

こちらのコーナーでは、2020〜22年までの

「Jリーグシャレン！アウォーズ」にエントリーされた

全58クラブの全活動を紹介します。

各クラブの「シャレン！」問い合わせ先も併記しましたので

新たな連携、新たな活動につなげてください。

❶各クラブ名の横に記載しているのが問い合わせ先です

✉=メール　　▤=問い合わせフォーム

❷以下のマークのある活動はアウォーズで各賞を受賞しています

▣=ソーシャルチャレンジャー賞　▣=パブリック賞　▣=メディア賞　☆=チェアマン賞

1　北海道・東北

北海道コンサドーレ札幌　✉ postmaster@consadole-sapporo.jp

2020	活動名　子ども食堂支援 協働者　JAグループ北海道、北海道教育庁、北海道教育大学 行き場のない子どもたちのための「居場所」と「学びの場」として増加している「子ども食堂」の運営主体をサポート。食育はJAグループ北海道、徳育は北海道教育委員会、知育は北海道教育大学、体育は北海道コンサドーレ札幌が担当した。
2021	活動名　赤い羽根サポーター　「クルマをおくろうプロジェクト」 協働者　社会福祉法人北海道共同募金会、北海道民およびサポーター、find H（北海道新聞社が運営するクラウドファンディング） 「赤い羽根サポーター」として長く活動を続けてきたクラブが、2012年から「クルマをおくろうプロジェクト」をスタート。障がいを持つ人たちや高齢者の方々が必要としている福祉車両を贈る取り組みを続けてきた中、新型コロナウイルスの影響によって対面式での募金活動が困難となったため、クラウドファンディングを立ち上げることで活動を継続した。
2022	活動名　コンサドーレを入口にした生物多様性への取り組み 協働者　バードライフ・インターナショナル東京、札幌市円山動物園 クラブが円山動物園とバードライフ・インターナショナル東京との間で連携協定を締結したのをきっかけに、ホームゲームで共同イベントを実施。円山動物園の専門解説員、バードライフ・インターナショナル東京のプログラムオフィサーを招いて、サポーター向けに生物多様性の学習機会を設けた。

ヴァンラーレ八戸　✉ v-info@vanraure.net

2020	活動名　ヴァンラーレ八戸農業支援 協働者　㈱MISTsolution クラブスポンサーの㈱MISTsolutionとともに、2019年春頃から活動開始。八戸市南郷にある農地を活用し、ブロッコリー、ピーマン、ミョウガ、トマトなどを栽培し、10月には選手とサポーターと㈱MISTsolution役員、地元農家の方々とともに、にんにくの植えつけも行った。収穫した野菜はホームゲームで販売。
2021	活動名　ヴァンラーレ八戸農業支援 協働者　㈱MISTsolution 上記活動を継続。
2022	活動名　俺たちのスタミナヴァンたれにんにくマシマシ 協働者　㈱MISTsolution、上北農産加工㈱、ファミリーマート、Jリーグクラブ、地域住民 2021年の活動を継続したうえで、上北農産加工㈱と収穫したにんにくを活用したコラボ商品「俺たちのスタミナヴァンたれにんにくマシマシ」を開発。地元のコンビニ、道の駅をはじめ、Jリーグ各クラブにも協力してもらい、販売した。

いわてグルージャ盛岡

✉ info@iac-grulla.com

2020	活動名	繋地区との繋ぐ力
	協働者	盛岡市立繋小学校・中学校、つなぎ温泉観光協会
	かつて選手寮があった繋地区の小中学校の運動会にトップチームの全選手が参加。その他にも、つなぎ温泉観光協会と共同でペンキ塗りを手伝ったり、ハンギングバスケットをつくったりと、地域の景観を守る作業にも取り組んだ。

2021	活動名	子ども食堂への支援
	協働者	NPO法人まちサポ雫石、こども食堂キッチンすまいる、花巻ロータリークラブ、ヤマザキビスケット㈱、㈲福田パン、㈱美多加堂、ぬくまる食堂実行委員、認定特定非営利活動法人インクルいわて、㈱ギンビス、㈱ウノー・インダストリー、㈱みちのくクボタ
	計4つのステップによって地元の子ども食堂を支援。ステップ1＝子ども食堂を知る（クラブとして子ども食堂のイベントに参加）、ステップ2＝興行を通してクラブを知ってもらう（こども食堂利用者の親子をホームゲームに招待）、ステップ3＝子ども食堂に参加する（ヤマザキビスケットに物品提供を依頼し、こども食堂に配布）、ステップ4＝地元企業を子ども食堂に巻き込む（活動に共感いただいたスポンサー企業から食料提供をいただき、クラブがハブとなって各こども食堂へ食料を配布）。

2022	活動名	ゴミで繋ぐ未来へのパス、グルージャごみゼロPJ　※詳細はP22〜33参照
	協働者	丸紅㈱、農業生産法人㈲うしちゃんファーム、矢巾町、㈱ベルジョイス、雫石町、サポーター、特定非営利活動法人まちサポ雫石
	丸紅㈱の協力の下、ホームゲーム開催時のスタジアムグルメの店舗で循環型食器『edish』を使用し、そのゴミを堆肥化。その堆肥をクラブで行っている米づくりに活用し、収穫した米を県内の子ども食堂に寄付。子どもの健康な発育と居場所づくりを行うことで、ゴミ問題と社会連携という地域課題の解決を図った。

ベガルタ仙台

✉ hometown@vegalta.co.jp

2020	活動名	ベガルタキッズラボ「Enjoyシェイプアップ」
	協働者	宮城県保健福祉部健康推進課、宮城県立こども病院、各小学校、各児童館、パートナー企業各社
	県民の課題である「メタボリックシンドローム該当者および予備群」を解決する取り組み。小学生を中心に楽しみながら体を動かすことを目的に、プロサッカークラブのメソッドを生かして、ボールを使った運動、ベガルタチアリーダーズとのダンス、借り物競争や玉入れなど、運動会のような要素を柔軟に織り交ぜた活動を実施。

2021	活動名	親子サッカー教室
	協働者	公益財団法人仙台市スポーツ振興事業団
	コロナ禍において、約5ヶ月ぶりにサッカー教室を実施。受付時には参加者全員が消毒、検温を行い、サッカー教室もソーシャルディスタンスを意識したプログラムを作成。万が一、参加者の中に感染者が出てしまった場合の対応など、マニュアルに落とし込むことで実現に至った。

2022	活動名	小さくても持続可能な町へ「ベガルタハウスをつくろう」
	協働者	七ヶ宿町、七ヶ宿まちづくり㈱
	宮城県で一番小さな町の七ヶ宿町において、元選手の菅井直樹、地元の方々、サポーターの方々とともに、町内の築50年の空き家を「ベガルタハウス」と名づけて改修し、町の賑わいと持続可能な町づくりの拠点として整備。ハウスを中心とした、町の課題解決への取り組みがスタートした。	

ブラウブリッツ秋田　　　　　　　　　　　✉ info@blaublitz.jp

2020	活動名	福＋(ふくたす)プロジェクト　〜秋田に「福の輪」を〜
	協働者	中央大学FLP小林勉ゼミナール、秋田市グラウンドゴルフ協会、秋田県8人制バレーボール連盟、常葉大学准教授今村貴幸教授、秋田大学、ワタナベ整骨院院長渡部真吉先生、中央大学学員会秋田県支部、朝日綜合㈱
	中央大学FLP小林ゼミと協働し、東京の学生が主体となって高齢者を対象にしたスポーツイベントを開催。運動機会、多世代交流の機会を創出した他、運動することが困難な高齢者に対してもeスポーツや試合観戦が健康や生きがいにつながることを、心拍数の変化や心理状態の変化から実証した。	

2021	活動名	秋田健康幸せ(健幸)プロジェクト　※詳細はP114〜123参照
	協働者	㈱アルファシステム、㈱きららホールディングス、大塚製薬㈱
	体組成計「InBody(インボディ)」と、クラブのスペシャルスポンサーであるTDK㈱製スマートウォッチ「Silmee(シルミー)」を活用した県内初のヘルスケア活動を推進。㈱きららホールディングスの従業員70人に対して3ヶ月間の実証実験を実施し、㈱アルファシステムの健康管理システムでデータ管理。そのデータをもとに3つの健幸プログラムを実施し、その後の健康状態や活動量の数値的変化とアンケート調査も行った。	

2022	活動名	「TDK×ブラウブリッツ秋田」こども食堂支援
	協働者	TDK㈱、特定非営利法人秋田たすけあいネットあゆむ、秋田県社会福祉協議会、秋田ノーザンハピネッツ㈱
	県内の子ども食堂を支援する活動。TDKの企業ブランドキャンペーングッズをホームゲームの会場で販売し、その売上金を活用してさまざまなかたちで県内子ども食堂を支援。	

モンテディオ山形　　　　　　　　　　　✉ info@montedio.co.jp

2020	活動名	TEAM MATES事業
	協働者	NPO法人Being ALIVE Japan
	長期療養が必要な子どもをクラブの一員として迎え入れ、J1昇格というチームの目標に向けて、子どもが選手やスタッフをサポートしながら社会復帰を目指す活動。	

2021	活動名	ホワイトシャッタープロジェクト
	協働者	合同会社DMM.com
	合同会社DMM.comによる消防・救急・防災現場への支援プロジェクト「ホワイトシャッタープロジェクト」にホームタウンのひとつである天童市とともに参画。企業からの協賛金によって、消防活動に必要な物品が自治体に寄付される仕組を活用し、消防車のシャッターにチームロゴを掲載した他、賛同する企業も募集した。	

2022	活動名	ホームゲーム全試合SDGsコーナーの設置
	協働者	㈱エコスタイル、㈱Kanatta、㈱チェンジ・ザ・ワールド、豊島㈱、㈱ポチくる、㈱笑子、イーレックス㈱、㈱ミズサワセミコンダクタ、山形朝日㈱、その他50団体
		年間のホームゲーム全21試合で、SDGsを行う企業、自治体やNPO団体などの活動をパンフレットや商品展示により紹介。シーズン後半には、企業とタイアップしてワークショップを開催し、サポーターがSDGsを主体的に楽しく体験できる場を設けた。

福島ユナイテッドFC

🔲 https://fufc.jp/contact/

2020	活動名	福島県産農産品生育、販売PR活動
	協働者	大野農園、安斎果樹園、カトウファーム、鈴木農園、渡辺果樹園、㈱いちい、福島県、福島市他
		東日本大震災による原発事故の風評払拭活動としてスタート。県内農家とのコラボ事業として、果物の木オーナー制度を活用し、田んぼを買い取り、選手とスタッフで生育した。風評の払拭をはじめ、県産品のPRとして広く発信した他、生育した農産品のWEB販売やアウェー会場および提携している湘南ベルマーレの試合会場を中心に出店販売。
2021	活動名	福島県産品PR・販路拡大事業
	協働者	復興庁、デロイトトーマツ、SEA、阿部留商店、ダイオー、COOL AGRI、食農価値創造研究舎、笑夢カレー、その他参加事業者、大野農園、安斎果樹園、カトウファーム、鈴木農園、渡辺果樹園、エガワコントラクター
		県産品をPRする取り組みを継続しながら拡大。従来のマルシェ出店だけでなく、県産品に特化したECサイトに『福島ユナイテッドFC農業部公式オンラインショップ』をオープン。Jクラブの発信力を使ってサッカーファンを中心に全国へ向けてPRし、地元地域と協力しながら県内各地の商品をクラブで仕入れ、生産者紹介と合わせて販売した。
2022	活動名	福島まつかわ農スポ事業体験イベント
	協働者	福島まつかわ農スポ協議会、福島大学地域スポーツ政策研究所、松川町サッカースポーツ少年団、安斎果樹園
		福島大学地域スポーツ政策研究所の提案により、「農業×スポーツ」で生まれる地域の活性化、新たな価値創出の可能性について、農業を行うプロスポーツチームとして連携。福島市松川町の少年サッカーチームを対象に、サッカー教室と農業体験という「農スポイベント」を開催した。

いわきFC

✉ iwakifc@iwakifc.com

2022	活動名	健康なカラダづくりプログラム
	協働者	いわき市
		スポーツクラブならではの最先端の知識やノウハウ、施設を活用し、個別のデータに基づく正しい運動と食事を組み合わせた健康プログラムを提供する取り組み。いわき市と連携し、市民に対して約8週間の健康増進プログラムを提供する「健康なカラダづくりプログラム」を実施した。

2 関東

鹿島アントラーズ ✉ team-community@antlers.co.jp

2020	活動名	特別支援学校サッカービューイング
	協働者	茨城県立鹿島特別支援学校、㈱NTTドコモ
	特別支援学校の生徒に向け、NTTドコモの技術を活用して体育館にスタジアムからの高画質映像を配信。学校の先生方がコンコースやウォーミングアップの様子を紹介した。	

2021	活動名	小学校プログラミング教育
	協働者	鹿嶋市、キラメックス㈱、鹿嶋市立豊津小学校、波野小学校、大同西小学校、中野西小学校、三笠小学校
	小学校におけるプログラミング教育。鹿嶋市およびキラメックス㈱と協働し、鹿嶋市内の小学校5校で小中高校生向け実践的プログラミングサービス「TechAcademyジュニア」を用いて、計157回のプログラミング授業を実施。	

2022	活動名	鹿嶋市立鹿島中学校企画提案型職場体験学習
	協働者	鹿嶋市立鹿島中学校、鹿嶋市内飲食店15店舗
	中学生が鹿嶋市内飲食店と新メニューを開発・販売するという職場体験。クラブでは飲食店とサポーターをつなぐために飲食店をホームページに無料掲載した他、開発したメニューを店舗ごとに販売。ホームゲームでも3店舗が出店した。	

水戸ホーリーホック 🖹 https://www.mito-hollyhock.net/contact/

2020	活動名	水戸ホーリーホックメディカル教室
	協働者	城里町
	クラブハウス移転をきっかけに、城里町への恩返し企画として実施した健康増進活動。地域住民に手軽かつ定期的にプロ選手と同じようなメニューによって体をほぐす運動を取り入れることを意識して実施。自宅でも簡単にできるエクササイズなど、継続的に活動している。	

2021	活動名	Make Value Project 企業合同研修
	協働者	㈱ノーブルホーム、MeRAQ COMPANY
	パートナー企業の㈱ノーブルホームが力を入れている社員教育と、地元企業と共同で研修プログラムを実施したいというクラブの願いが合致したことで実現したMVP（Make Value Project）合同研修。週に1度、クラブが選手に学びの機会を提供した。	

2022	活動名	『GRASS ROOTS FARM』
	協働者	城里町地域おこし協力隊、㈱寺田製作所、城里町住民
	農業従事者の高齢化が進み、耕作放棄地が増加する地域課題を解決するため、クラブハウスの『アツマーレ』がある城里町で、約1000㎡の畑でニンニクの栽培をして農業の魅力を発信した。	

2020	活動名	食育キャプテン活動
	協働者	栃木県農政課、栃木県食生活改善推進員協議会、よつ葉生活協同組合、㈱新朝プレス、各幼稚園
		2017年に県内の他のプロスポーツチームとともに、「食育キャプテン」の任命を受けたことを契機に、保育園でのおにぎりづくり体験、ホームゲームでの食育イベントを実施。ホームゲームでは選手との食育クイズの他、「1日の野菜必要量350gを当てよう」「箱の中身の野菜はなんだろな？」ブースを設けた。
2021	活動名	県内プロスポーツ5チームによる温泉デリバリー
	協働者	栃木県旅館ホテル若旦那の会、栃木シティFC、宇都宮ブリッツェン、那須ブラーゼン、宇都宮ブレックス
		コロナ禍で休業状態となった温泉地を応援するために県内5つのプロチームが連携。温泉地の源泉を家庭に無料で届ける「源泉デリバリー」を全県的に実施した。事前応募で当選した方に、栃木SCスタッフが鬼怒川温泉のお湯を届けると同時に、経営に苦しむ地元温泉地を盛り上げた。
2022	活動名	栃木SCツナガルプロジェクト
	協働者	宇都宮市、㈱キッズコーポレーション、いずみ産業㈱
		「子どもの貧困」という地域課題に向き合うために「栃木SCツナガルプロジェクト」を開始。第1弾として、宇都宮市在住のひとり親世帯へのホームゲーム招待企画を実施し、第2弾としてホームゲームでの学生服回収BOXを設置。不要になった学生服を、入学準備が大変な家庭につなげる取り組みを実施した。

2020	活動名	健康づくり教室in前橋市
	協働者	前橋市、群馬ヤクルト販売㈱、善衆会病院
		地域の健康促進を目的とした活動。前橋市在住の中高年の方を対象に、群馬ヤクルト㈱の栄養講座と、善衆会病院の運動教室を実施した。
2021	活動名	スマイルキッズキャラバン
	協働者	NPO法人ザスパスポーツクラブ
		スポーツの楽しさ、体を動かすことの喜び、協力することの大切さを体感するため、「仲間と助け合いながらボールを使った運動」を指導。小学校他、幼稚園や保育園、PTA行事、学童、地域のスポーツクラブなどで実施した。
2022	活動名	FanFunFieldFestival
	協働者	敷島パークマネジメントJV（㈱オリエンタル群馬、㈱富士植木他2社による共同事業体）、㈱カインズ
		コロナ禍によりゴールデンウィークにおける旅行などのアクティビティが制限される中、少しでも長期連休を楽しんでもらおうという思いから、普段なかなか入ることのできないスタジアムの芝生を開放。親子での遊びの機会を創出した。

浦和レッズ

✉ redsinfo@urawa-reds.co.jp

2020

活動名	埼玉県上下流交流事業「水源わくわくセミナー」
協働者	埼玉県、埼玉県企業局、国土交通省関東地方整備局八ッ場ダム、工事事務所、群馬県、群馬県長野原町

ダム建設が進む群馬県吾妻郡長野原町を訪問し、八ッ場ダムの役割や地元の苦労などを理解してもらうとともに、サッカー教室を通じて地元の小中学生と交流。20年以上にわたって継続している恒例事業。

2021

活動名	レッズローズ植栽プロジェクト
協働者	㈱グリーンダイナミクス、㈲ハイフラワー、小磯梨園、中央区バラサポーター、さいたま市立小・中・高等学校、さいたま市中央区役所、公益財団法人さいたま市公園緑地協会、公益財団法人埼玉県公園緑地協会

2012年、埼玉スタジアム公園緑化事業に協力し、スタジアムに植栽したのをきっかけに、クラブやホームタウンさいたま市のランドマークとなるスポットを中心に活動開始した活動で、2020年秋にはさいたま市中央区との協働植栽事業がスタート。「住み続けられる『バラのまち中央区』の街づくり」に貢献し、RedsRoseの植栽活動を「シャレン！」活動へと昇華させた。

2022

活動名	『このゆびとまれっず！』(休眠預金等活用事業)
協働者	埼玉県子ども食堂ネットワーク、スポンサー企業(15社)、埼玉県(少子政策課)、FC ONE TOP(アンプティサッカー)

コロナ禍で運営が深刻化した子ども食堂を利用する家庭や子どもたちの課題解決を目指して、2つのアクションを実行。【ハートフルケア】では、ハートフルクラブ・落合弘キャプテンの講話、アンプティサッカー体験、試合観戦などによる子どもたちの笑顔創出とストレス緩和、家族での非日常体験や思い出づくりを支援。【REDS Santa】では、子ども食堂への物品27ヶ所分(約800人分)の寄贈品を届けた。

大宮アルディージャ

✉ hometown@ardija.co.jp

2020

活動名	手話応援デー
協働者	手話応援実行委員会(事務局：毎日興業㈱)、実行委員会、後援団体等計約80社/団体

障がいのある人もない人も一緒にチームを手話で応援することを目的に、2006年からスタートしたクラブの代表的社会連携活動のひとつ。スタンドでの応援の他、啓発、手話体験、聴導犬などのPRブースも設置し、スタジアム全体で手話応援に関わることができる仕組み。

2021	活動名	あおぞら子ども食堂＆アルディージャテラス
	協働者	さいたま市子ども食堂ネットワーク、関東食糧㈱、さいたま農業協同組合（JAさいたま）、㈱明治、ケアサポート㈱、アルディージャビジネスクラブ、大宮一番街商店街協同組合、おおみやストリートテラス＠大宮一番街実行委員会、大宮ナポリタン会、アーバンデザインセンター大宮（UDCO）、ハッピーファームみやたけ、ディアボラ大宮店、埼玉県、さいたま市、金沢市、ツエーゲン金沢、Ｊリーグ社会連携本部、NPO法人全国こども食堂支援センター・むすびえ
		新型コロナウイルス感染症の影響により運営困難に陥った子ども食堂利用家族に向けた活動。フットサルコートでのサッカー教室とあおぞらランチを実施した他、ツエーゲン金沢戦で感染対策を徹底しながら大宮一番街商店街内に特設ブースを出展。27組96人の家族を招待し、観戦チケット、大宮ナポリタン、子ども食堂へ寄付された古米を使用した特性オレンジ弁当を配布した。
2022	活動名	アルディージャ・フードドライブby ABC
	協働者	ABC（アルディージャビジネスクラブ）、さいたま市、フードバンクさいたま
		ホームゲームにおいて余剰食材の収集ブースを設置。収集した食材は、さいたま市と連携し、県内子ども食堂および福祉施設などに寄贈した。

ジェフユナイテッド千葉　　　　✉ hometown@jefunited.co.jp

2020	活動名	JOプロジェクト（障害者施設への選手訪問）
	協働者	千葉市（障害者自立支援課）、千葉県障害者就労事業振興センター
		障がい者施設が製作するオリジナルグッズでジェフの応援を盛り上げ、千葉市内の障がい者施設の販路を拡大し、障がい者の自立支援の促進を図ることを目的として2016年に開始した活動を、社会貢献型のホームタウン活動に昇華させるために「選手の訪問」という新たな接点をつくって障がい者のモチベーション向上を目指した。
2021	活動名	地域共生事業蘇我スポーツ公園除草作業
	協働者	社会福祉法人オリーブの樹、蘇我スポーツ公園指定管理者SSP UNITED
		千葉市から受託した蘇我スポーツ公園進入路の除草作業を、障がい者の自立・社会参加を目指している「社会福祉法人オリーブの樹」に依頼。障がい者の就労機会に結びつけ、千葉県障害者就労事業振興センターの仲介を経て、実施した。
2022	活動名	みんなの想いを載せて迎えたホーム開幕戦
	協働者	明治安田生命保険相互会社、蘇我スポーツ公園指定管理者SSP UNITED
		コロナ禍の観戦マナー遵守を呼びかけるために、通常は指定管理者が行っているスタンド清掃を、明治安田生命千葉南支社君津営業部の方々32人がボランティアとして協力し、ジェフスタッフと一緒にホーム開幕戦の前日に実施した。サポーターからの感謝の意がSNSで発信され、観戦マナー遵守につながった。

柏レイソル

✉ fans@reysol.hitachi.co.jp

2020

活動名	学校訪問「レイソルしま専科」
協働者	柏市役所、柏市教育委員会、柏市内小中学校

ホームタウンの子どもたちの健全な育成に寄与することを目的に、選手やコーチが小学校を訪問。自らの体験談や、実技披露などサッカーの楽しさを体験してもらうプログラムを通じて、子どもたちと交流した。

2021

活動名	柏市こどもルームへの飲料提供
協働者	柏市こども部学童保育課

新型コロナウイルスの影響で外出や飲食などが自由にできない中、柏市役所こども部児童保育課の協力の下、市内の子どもルーム43ヶ所に飲料を提供した。

2022

活動名	スタジアム見学
協働者	柏市内小学校

子どもたちを招待し、普段はなかなか入ることのできないスタジアム内を開放。選手が試合で使っているピッチ内で子どもたちが元気に走り回った他、ピッチ外ではロイヤルルームや選手が使用するロッカールームにも案内した。

FC東京

✉ sharen@fctokyo.co.jp

2020

活動名	少年院の少年たちの社会復帰サポート活動
協働者	法務省、多摩少年院、認定NPO法人育て上げネット

地元にある多摩少年院の体育で「サッカー教室」を実施したことをきっかけに、彼らの社会復帰をさらに支援すべく、「職業訓練（職場体験）」にも協力。トップチームの練習グラウンド、クラブハウスに迎え入れ、グラウンドキーパーやホペイロの業務体験の他、選手との対談の機会も提供した。

2021

活動名	FC東京が大切にしてきたもうひとつの「居場所」あおぞらサッカースクール！（知的障がい者対象）
協働者	認定NPO法人トラッソス、調布市、スーパースポーツゼビオ調布東京スタジアム前店

2018年5月に開校した、主に知的・発達障がいのある方を対象としたサッカースクールで、調布市より補助金交付を受けながら、認定NPO法人トラッソスのコーチとFC東京の普及部コーチたちが連携して活動を開始。年間4回の開催から徐々に拡大し、定期的かつ継続的に開催されるように発展した。

2022

活動名	学校教材まで作成！みんなで子どもの心と体づくり
協働者	学校法人帝京大学、府中市教育委員会、府中市、調布市、三鷹市、小平市、西東京市、小金井市

プロコーチたちが重ねてきた専門性・実績、教育委員会との信頼関係をもとに、「動きづくり」の内容が詰められたドリル教材を学校体育の授業で導入。FC東京を株主として支える6行政（府中・三鷹・調布・小平・西東京・小金井）の小学1年生全員に配布した。

東京ヴェルディ

✉ school@verdy.co.jp

2020	活動名	障がい者スポーツ体験教室
	協働者	渋谷区、北区、日野市、立川市、多摩市、いなぎグリーンウェルネス財団
	各ホームタウンでの通年事業として、「障がい者スポーツ体験教室」の企画・運営・指導を行政などから受託。障がいのある方や自身だけでは運動することが難しい方なども一緒に、さまざまなスポーツを楽しめるプログラムを東京ヴェルディのコーチが実施。2019年度は6市区102回、2020年度は7市区120回と、活動回数やエリアを毎年拡大している。		

2021	活動名	ともに未来へ Green Heart Project
	協働者	ヤンセンファーマ㈱
	SDGsパートナーのヤンセンファーマ㈱とともに、さまざまな障がいと向き合う方を対象として、スポーツ教室、就労体験、試合観戦を楽しんでもらうプログラムを味の素スタジアムで3回実施。2020シーズンはのべ157人が参加した。就労体験ではイベントスペースでの接客などを担当してもらい、ひとりひとりに謝礼を支払った。		

2022	活動名	Green Heart Room
	協働者	東京都立多摩桜の丘学園、㈱エムール、味の素スタジアム
	センサリールームの一歩先を目指した「Green Heart Room」を味の素スタジアムに設置。自閉症・感覚過敏に限らず、さまざまな障がいのある方が家族で観戦を楽しめるように、特別支援学校、パートナー企業、スタジアムと協働で毎回部屋をカスタマイズ。自宅のリビングルームにいるように、家族でリラックスしてJリーグを観戦してもらう取り組みを継続。		

FC町田ゼルビア

✉ info@zelvia.co.jp

2020	活動名	『歩く』エンタメで社会課題を解決！男気コース!!
	協働者	小田急電鉄㈱、㈱小田急エージェンシー、ケアフルクラブ悠々園、町田市社会福祉協議会、まちだの丘連絡会、一般財団法人町田市文化・国際交流財団、㈱ラナエクストラクティブ、町田市役所環境資源部（環境政策課、環境・自然共生課、環境保全課、循環型施設整備課、資源循環課、3R推進課）、町田市保健所健康推進課、町田市役所文化スポーツ振興部スポーツ振興課、オリンピック・パラリンピック等国際大会推進課、町田市役所地域福祉部福祉総務課、町田市役所防災安全部市民生活安全課、町田市役所道路部道路管理課、経済観光部観光まちづくり課
	スタジアムアクセスの改善を目的とした活動が、協働者との連携が増える中で道路渋滞の緩和、CO_2削減による環境改善、健康増進など、自然発生的に地域課題の解決へとシフト。協働者を増やすことで、日常的に歩くこと、地域課題を考える機会を創出した。		

2021	活動名	ゼルビアウォーキング
	協働者	町田市（経済観光部観光まちづくり課・都市づくり部公園緑地課・環境資源部環境政策課・保健所健康推進課・地域福祉部障がい福祉課）、NEST Machida、社会福祉法人まちだ育成会かがやき、地域住民、ファン・サポーター
	従来から継続してきたウォーキングイベントのスキームを活用。新型コロナ感染予防を徹底したうえで、町田薬師池公園四季彩の杜西園ウェルカムゲートをスタート・ゴール地点にしたウォーキングイベントを2週間限定で開催。833人がウォーキングを楽しんだ。		

2022	活動名	障がいの有無に関わらず安心して暮らせる街を目指して
	協働者	町田市生涯学習部生涯学習センター、㈱TERADA、町田市社会福祉協議会、町田市身体障害者福祉協会、町田市聴覚障害者協会
		「ゼルビアと一緒に学習がしたい」という聴覚障がい当事者の方とともに、障がい者の方が社会で生活しながら学び続けられる学習講座を3週にわたって実施。

川崎フロンターレ　　　✉ info@frontale.co.jp

2020	活動名	発達障がい児向けサッカー×ユニバーサルツーリズム
	協働者	川崎市、内閣官房、富士通㈱、㈱JTB、全日本空輸㈱、川崎フロンターレサポーター、大分トリニータサポーター
		発達障がい児に対する社会の偏見や誤解を払拭すべく、「心のバリアフリー」を進め、誰もがスポーツや旅行を安心して楽しめる社会の実現を目指す取り組み。音や光をコントロールできるセンサリールームをスタジアムに設置し、安心してサッカー観戦をしてもらえるように工夫した。
2021	活動名	川崎フロンターレ監修「みやまえご近助体操」
	協働者	宮前区役所、イッツ・コミュニケーションズ㈱、サントリーウエルネス㈱、宮前区全町内・自治会連合会、宮前区内公園体操参加者のみなさま、石塚睦己さん（宮前区在住インストラクター）
		サポーターをはじめ、普段フロンターレに触れることのない方、なかなか自宅の外に出る機会がない方、運動機会がここ半年ほどで著しく減少している方に向けて、川崎フロンターレ監修の下、宮前区の有志が作成した体操『風の中で』をアレンジした「みやまえご近助体操」を制作。イッツコムチャンネル11で放送した。
2022	活動名	安心してスタジアムへ！「街歩きバリアフリーマップ」
	協働者	富士通㈱、東洋大学名誉教授（髙橋儀平）、川崎市中原区内全小学校、川崎フロンターレサポーター
		誰でも安心してスタジアムに来場してもらうことを目的に、武蔵中原駅、武蔵小杉駅、新丸子駅から等々力陸上競技場への徒歩ルートに対し、スロープの有無、段差の有無、多目的トイレの場所などバリアフリーの観点から実際に歩いてみて街歩きバリアフリーマップを作成。車椅子目線を確認することができる動画も撮影した。また、作成したマップはクラブ関連施設、行政施設で配布したほか、バリアフリーを勉強している中原区内の小学4年生全員にも配布し、授業などで活用してもらった。

横浜F・マリノス　　　✉ yfm-hometown@marinos.co.jp

2020	活動名	「横浜F・マリノスカップ」電動車椅子サッカー大会
	協働者	ジヤトコ㈱、㈱ツクイ、イリソ電子工業㈱、横浜市立子安小学校、横浜市中央図書館、横浜市立篠原中学校サッカー部、横浜市立城郷中学校サッカー部
		多くの方々に電動車椅子サッカーの魅力を伝えるとともに、地域社会の障がい者スポーツに対する理解度、関心度の向上につなげるための活動。選手に日頃のトレーニングの成果を発揮する場を提供し、大会を通じて仲間と触れ合い、楽しむことで地域社会とのつながりを実感してもらうことに加え、アスリートとしての自覚を持ってもらうことで選手としての成長および競技の普及・育成を図る。

2021	活動名	【地域を応援】ホームタウン テイクアウトマップ
	協働者	NPO法人ハマトラ・横浜フットボールネットワーク、港北区役所、港北区商店街連合会、都筑区商店街連合会、青葉区商店街連合会、南林間ちょい呑みフェスティバル実行委員会、はまれぽ、GREEN SMILE－ぐりすま－
	\	緊急事態宣言下でお客さんの足が遠のいている飲食店と外出が制限されている地域の人々を結ぶことを目的として、横浜市・横須賀市・大和市を中心に600を超えるテイクアウト・デリバリー可能なお店の情報を集めた「ホームタウン テイクアウトマップ」制作し、公開。
2022	活動名	はまっ子交通あんぜん教室　〜新たなパートナーシップの形〜
	協働者	アネスト岩田㈱、港北区役所、港北警察署、港北交通安全協会、一般社団法人チアリーダーズ協会（Tricolore Mermaids）
	\	交通事故から未来ある小学生を守りたいという想いから、横浜市港北区役所、港北警察署、港北交通安全協会とともに取り組んでいる「はまっ子交通あんぜん教室」に、アネスト岩田㈱が新たに参加協力。主力製品のスプレーガンを、炎天下の子供たちに涼を届けるミスト発生装置に変えて使用するなど、活動をバージョンアップさせた。

横浜FC

✉ hometown-info@yokohamafc.com

2020	活動名	横浜FCヨコハマぽるとカップ
	協働者	一般社団法人横浜FCスポーツクラブ、ヨコハマぽるとカップ実行委員会、桐蔭横浜大学FC、Eggplant、日本ソーシャルフットボール協会
	\	地域貢献活動の一環として、障がいのある方のためのサッカーやフットサル大会を開催。さまざまな障がいのある方が社会とのつながりを持つこと、サッカーやフットサルを通じた社会参加の促進と余暇の充実を図ること、障がい者スポーツの普及と交流の場を広げ、生活のしづらさを解消していくことを目的として実施した。
2021	活動名	「横浜FC」×「子供の未来応援国民運動」
	協働者	社会福祉法人横浜市保土ケ谷区社会福祉協議会、ほどがやみんなde食堂ネットワークヘルキーカフェ（NPO法人ぎんがむら/NPO法人ちゃっと）、地域食堂りり庵、横浜健康ファームともだち、NPO法人フードバンク横浜、横浜冷凍㈱、レノボ・ジャパン合同会社、リコージャパン㈱神奈川支社、㈱ミツハシ、日本KFCホールディングス㈱、バニヤンツリーベーカリー、東洋美術印刷㈱、内閣府、弘明寺商店街、TSUBAKI食堂
	\	内閣府などが推進する「子供の未来応援国民運動」として横浜FCがクラウドファンディングを実施し、「子供食堂&選手と夢トーク」「フリ丸印の焼印」「子供の未来応援国民運動へ基金の贈呈」という3つの活動を実施。クラウドファンディングを通じてクラブの取り組みを知ってもらい、支援してもらったことで、ともに地域活性化活動に参加して元気を届けた。
2022	活動名	横浜市内の中学生向けSNS講習
	協働者	㈱SNSコーチ、横浜市立篠原中学校、横浜市立丸山台中学校
	\	SNSをきっかけとしたトラブルや問題を解決するために、㈱SNSコーチと共働し、篠原中学校（1年生：134人）、丸山台中学校（1年生：185人）を対象にアウター向けのSNS講習を実施。リアルとネットの違いや不適切な投稿の危険性などのリスクに対する正しい理解とSNSのマナーや正しい使い方などについて、学習機会を設けた。

Y.S.C.C.横浜
✉ info@yscc1986.net

2020	活動名 Y.S.C.C.が取り組む寿町自己啓発プロジェクト ※詳細はP34〜43参照
	協働者 公益財団法人横浜市寿町健康福祉交流協会
	各種団体と横浜市中区寿町に特化したプログラム「寿町自己啓発プロジェクト」を立ち上げ、「食育・栄養」「咀嚼力・口腔衛生」「健康体操」等を実施。街の特性に起因する社会課題の解決に向けて活動している。
2021	活動名 地域はファミリーY.S.C.C.元気プロジェクト
	協働者 公益財団法人横浜市寿町健康福祉交流協会
	上記活動を継続。
2022	活動名 寿町自己啓発プロジェクト
	協働者 ㈱伊藤園、横浜市中区スポーツ協会
	上記活動を継続。

湘南ベルマーレ
✉ bellmare@mf.scn-net.ne.jp

2020	活動名 湘南まなべるまーれ
	協働者 金子産業㈱、横浜ゴム㈱
	地域の子どもたちが、地元企業の仕事を体験しながら学ぶローカルキャリア教育授業。単なる社会科見学ではなく、仕事に対するこだわり、挫折、楽しさを夢中になって伝えるヒューマン授業とし、金子産業㈱平塚工場と横浜ゴム㈱平塚製造所で実施した。
2021	活動名 長期療養児自立支援活動「TEAMMATES」
	協働者 認定NPO法人 Being ALIVE Japan
	難病や慢性疾患など、長期療養を必要とする子どもたちが、入院を経て、退院後に復学する過程や、社会参加の促進と自立支援を目的とした支援活動。スポーツチームへの入団を通じて、子どもたちと家族の長い療養生活を支える存在（TEAMMATES＝チームメイツ）をコミュニティの中に増やす支援を目指した。2020シーズンは2人目のチームメイツとして、小児がんで長期療養中の橋本琉（はしもとるい）くんの入団を受け入れ、2021シーズンに選手、チームスタッフ、サポーターとともに活動を実施した。
2022	活動名 湘南オリーブ
	協働者 二宮町、二宮町商工会内湘南オリーブ推進チーム、㈱ファームビレッジ湘南
	2020年より「湘南オリーブ」事業への協力を開始。オリーブの商品PR・販売のみならず、耕作・収穫に参加。産業能率大学の学生が地域創生の授業の中で耕作・収穫し、商品を企画。現役Fリーガー鍛代元気選手はセカンドキャリアとして不耕作地を取得、実証実験を行うなど、多くの協働者と一体となって不耕作地を活用し、スポーツ振興、産業振興に取り組んだ。

SC相模原

https://www.scsagamihara.com/contact/

2020	活動名	SC相模原JOB見学・体験ツアー
	協働者	マイクロン財団、相模原みのり塾／座間市生活援護課、社会福祉法人座間市社会福祉協議会、イオン㈱
		Jリーグのスタジアムで働く人々の「お仕事」を見学しながら「小中学生時代に今の自分を想像していたか」を質問してまわるスタジアムツアーを実施。相模原市と座間市から家庭の経済的な事情により進学に課題があったり、居場所を見つけられない小・中・高校生が参加した。
2021	活動名	一杯からはじめよう！脱・使い捨てAction
	協働者	麻布大学、アサヒビール㈱、相模原市
		2016年よりスタジアムでのカップ使用において「リユースカップ」への置き換えに取り組んできたが、新型コロナウイルス感染症の影響によってリユースカップの扱いにリスクが生じたため、麻布大学の学生が主体となり、マイタンブラー制を導入。森のタンブラーの実物展示とともに、ポスター展示とチラシを配布するなど、ホームゲームでブースを出店し、PRした。
2022	活動名	相模原市小学校体育授業サポート事業
	協働者	相模原市立上溝小学校PTA、富士見小学校PTA、相模台小学校PTA、根小屋小学校PTA、ノジマステラ神奈川相模原（WEリーグ所属）、三菱重工相模原ダイナボアーズ（ジャパンラグビーリーグワン所属）、相模原市教育委員会、相模原市
		アカデミーコーチやトップチーム選手が小学校に出向き、体育授業を実施。6年間をかけて定期的に授業に参加し、継続的に関わることで、子どもたちの運動能力や意識の変化を継続的に見ていく。2018年当初はSC相模原単独だったが、その後、ノジマステラ神奈川相模原（WEリーグ）や三菱重工相模原ダイナボアーズ（ジャパンラグビーリーグワン）も加わり、実施校も増加中。

3　中部

ヴァンフォーレ甲府

contact@ventforet.co.jp

2020	活動名	キャリア&スタジアム（キャリスタ）　※詳細はP84〜93参照
	協働者	後援：山梨県、山梨県スポーツ協会、協力：明治大学澤井ゼミナール、山梨県大学就職指導研究会
		地方の若者人口減少、企業の人材不足を県内外の各種学校とクラブスポンサー企業の社員がレクリエーションや試合観戦による交流を通じて、就職活動の前哨戦となる場を提供。出会い、コミュニケーション、和やかな雰囲気をテーマにイベントを実施した。
2021	活動名	社会課題解決型のヘルスケア事業
	協働者	甲府市、笛吹市、中央市、韮崎市、㈱グローバルヘルス、㈱Sportip、㈱はくばく、㈱クスリのサンロード、NPO韮崎スポーツクラブ、㈱日本総合研究所
		これまで実施してきた介護予防教室のほか、ジュニア層やアスリート層に向けて実施している健康促進、健康維持、運動能力向上などの活動に、クラブのフィジカルコーチや地元介護予防サポートボランティアなどの方々と連携した運動プログラムを実施。

2022	活動名	ごちゃまぜサッカー遊び
	協働者	一般社団法人山梨県サッカー協会、山梨ブラインドサッカークラブ、ヴァルカン甲府、公益財団法人山梨県スポーツ協会、公益財団法人住吉偕成会、小澤こころのクリニック、武田食品㈱、塚原眼科医院、山梨県
		これまで行ってきた活動を協働者と振り返り、課題として挙がった障がいに対する「括り」に対して、知ることからはじまるという共通意識の下、山梨県サッカー協会を中心に各方面と協働。サッカーの特性を生かし、仲間とボールを蹴ることで心を通わせ、多種多様な人の考え方や個性を受け入れることの大切さを伝える活動を実施した。

松本山雅FC

🔗 https://www.yamaga-fc.com/contact

2020	活動名	スマイル山雅農業プロジェクト
	協働者	生産者直売所アルプス市場、quod,LLC、洞澤豆腐店、横山製菓、クワトロクオーレ、NPO法人松本山雅スポーツクラブ、地域農業者、サポーター、一般市民、幼保育園、小学校、松本市農政課、松本市農業委員会、松本市保育課、社会福祉法人長野県知的障碍者育成会ドリームワークス、アルプス福祉会コムハウス
		松本市の農業従事者、直売所、障がい福祉サービス施設とともに「スマイル山雅農業プロジェクト」を発足。松本市内の遊休農地で青大豆「あやみどり」を栽培し、「遊休農地の活用」「地域住民の交流活性化」「青少年の育成」を図り、地域が直面する課題解決にチャレンジした。
2021	活動名	地域のみんなを笑顔に！自立支援プロジェクト
	協働者	医療法人虹の村ひかり有徳会虹の村診療所、山雅後援会安曇野支部、チームバモス、日本ソーシャルフットボール協会
		心の病や人生の困難で社会から「ひきこもる青年」に医療と教育の両面からその心に働きかけ、関わる人々が生涯にわたって自己を学ぶ治療共同体として診察やデイケアなどを行っている「医療法人虹の村ひかり有徳会虹の村診療所」と、日本ソーシャルフットボール協会山梨県地域推進委員の担当者と共働。スポーツ教室と試合観戦を併せたイベントへの指導者派遣、「スマイル山雅農業プロジェクト」への協力、就労継続支援B型事業所との連携、ホームゲームのボランティア活動と、課題解決のための活動を実施した。
2022	活動名	スタジアムトイレに生理用品の設置と生理への理解 ※詳細はP104〜113参照
	協働者	REDBOX JAPAN、松本山雅FCレディースU-15選手、TOYBOX（施設管理者）
		REDBOX JAPANと共働し、生理についての理解を深めてもらうために松本山雅のレディースU-15や地域の女子選手に向けて、「フェムケア＝Feminine（女性の）とケア（Care）を掛け合わせた用語」に関する講習と、オンライン講習を実施。試合の有無に関わらず、スタジアムトイレに生理用品を設置した。

AC長野パルセイロ

✉ contact@parceiro.jp

2020	活動名	ハナサカ軍手ィプロジェクト
	協働者	信州大学繊維学部ハナサカ軍手ィプロジェクト
		信州大学繊維学部の学生が企画し、ひとりでも多くの方に「軍手ィ」と名づけられたオリジナル軍手を販売。毎年デザインを変えてパルセイロのファン・サポーターに「軍手ィ」を届ける他、JAグリーン長野とタイアップして実施している「パルセイロ農園」にも絡めてオリジナル軍手ィを販売し、事業マッチングによりスポンサーイメージも高めた。

2021	活動名	パルシェ
	協働者	ホームタウン各農家、長野市
		2020年7月より、長野の魅力を全国に発信していきたいという想いから、ホームタウン周辺の農家と連携した長野県産農産物の産直販売を、公式オンラインショップ「パルシェ」で販売。無農薬・低農薬を中心とした新鮮な野菜や果物（加工品含む）をクラブのファン、サポーターのみならず、県外にも新鮮な状態で届け、長野県の魅力も発信した。

2022	活動名	食べて応援！「テイクアウト＆マルシェPV」
	協働者	長野市、長野商工会議所、地元飲食店、地元農家
		新型コロナウイルスの影響により経営に打撃を受けているホームタウンの飲食店・農家を集めたテイクアウト・マルシェイベントを実施。同時に、アウェイゲームを長野Uスタジアムで放映し、パブリックビューイングを開催した。

アルビレックス新潟

✉ hometown@albirex.co.jp

2020	活動名	風評被害を払拭！選手による村上市訪問・復興支援活動
	協働者	村上市立さんぽく小学校、村上市観光課、瀬波温泉旅館協同組合
		アルビレックス新潟選手会の発案で、村上市府屋で震度6強を観測した山形県沖地震の復興支援を実施。観光資源への風評被害を懸念する村上市の実情を聞き、観光地を訪問して季節の食べ物を試食した他、被災地域の小学校を訪問して児童と交流。

2021	活動名	守れ、ニイガタのいのち。自殺予防のための啓発活動
	協働者	新潟県福祉保健部障害福祉課いのちとこころの支援室、新発田地域振興局健康福祉環境部地域保健課、聖籠町役場保健福祉課
		新型ウイルスの影響で、心の不調を訴える方が増えていることに課題を感じ、新潟県福祉保健部障害福祉課に啓発活動を提案。自殺の危険を示すサインに気づき、適切な対応を図ることができる「ゲートキーパー」を周知し、同じ想いを持った人を増やすことを目的に、クラブスタッフ、アカデミースタッフを対象にオンライン研修会を実施した。

2022	活動名	アルビジョブスク　〜ユズの恩返し〜　鎌ケ谷巧業㈱編
	協働者	鎌ケ谷巧業㈱、島田譲選手
		新潟の未来を担う子どもたちに県内企業について知ってもらうための職業体験・学習イベント。鎌ケ谷巧業㈱で映像や資料を用いた企業紹介や工場見学を実施した他、企画者の島田譲選手による子ども向け講話も開催した。

カターレ富山
✉ kt-info@kataller.co.jp

2020	活動名	病院ビューイング
	協働者	富山市立富山市民病院、富山県済生会富山病院、富山県立中央病院、富山西総合病院、黒部市民病院、NPO法人富山スポーツコミュニケーションズ、明治安田生命相互保険会社、富山大学、カターレ富山アカデミー、カターレ富山専属ダンスチーム
		病院スタッフとの距離を縮め、信頼関係を構築すると同時に、病院スタッフ間のコミュニケーションを推進し、働きがいのある職場づくりに寄与すべく、病院ビューイングを実施。スポーツの力で患者に「笑顔と元気と勇気」を与え、入院中に抱える不安やストレスの軽減を図り、病院スタッフと一緒にスポーツを観るという体験を共有した。
2021	活動名	"カタラボ"スポーツで描くまちの未来をカタラボで語らおう
	協働者	富山市、とやま未来共創チーム、住民
		カターレ富山を使った街づくりについて、参加者全員で楽しく考えて「シャレン！」となるアイデアを出し合う全4回のプログラム。富山市と協働し、さまざまな人々がそれぞれの強みを持ち寄り、ともに未来を創る場所として「カタラボ」を開催した。
🚩 **2022**	活動名	Be supporters！サポーターになろう！ ※詳細はP94〜103参照
	協働者	サントリーウエルネス㈱、富山県内福祉施設、とやま未来共創チーム（事務局：富山市未来戦略室）
		高齢者・認知症の方など、普段は周囲に「支えられる人」が「支える人」となるプロジェクトとして、2020年12月よりカターレ富山、県内福祉施設、サントリーウエルネス㈱が一体で推進。誰かを"推す""応援する"ことで施設にワクワクとトキメキがあふれ、数々のつながりと幸せな物語が生まれた。

ツエーゲン金沢
✉ info@zweigen-kanazawa.jp

2020	活動名	「ツエーゲン金沢BFC」サポート事業
	協働者	ツエーゲン金沢BFC
		クラブとして、北陸初のブラインドサッカーチーム「ツエーゲン金沢BFC」の告知協力、普及活動の人的サポート、活動資金集めを実施しており、ブラインドサッカーの普及活動にも積極的に取り組んでいる。
2021	活動名	子どもの未来を応援する活動
	協働者	金沢星稜大学スポーツ学科地域スポーツマネジメント研究室、石川県母子寡婦福祉連合会、金沢市母子寡婦福祉連合会、NPO法人いしかわフードバンク・ネット、金沢市子ども未来部子育て支援課、かなざわっ子niconico倶楽部
		貧困問題など、子どもたちを取り巻く環境についてサポーターの理解を深め、その未来について考えてもらいたいという想いから、金沢星稜大学地域スポーツマネジメント研究室との共同事業として「子どもの未来を応援する活動」を実施。ひとり親家庭を対象とした試合観戦ツアー、フードドライブ窓口の設置、「子どもの未来を応援する活動」啓発ブースの出展などを行った。

2022	活動名	視覚障害者のスポーツ観戦を「あたりまえ」に！
	協働者	「あうわ」視覚障害者の働くを考える会/金沢市市民活動サポートセンター/公益社団法人金沢青年会議所/金沢星稜大学スポーツ学科地域スポーツマネジメント研究室/ツエーゲン金沢BFC、石川県、石川県視覚障害者協会、金沢市、㈱北國新聞社、㈱アイ・オー・データ機器、NPO法人アイメイトクラブ石川、金沢工業大学松井くにお研究室、金城大学、北陸放送㈱
		「視覚障がいの方々とともにスポーツ観戦を楽しみたい」という共通の想いの下に集まった諸団体と実行委員会を発足させて実現した「共創プロジェクト」。「移動障がい」「情報障がい」と呼ばれる視覚障がいを対象に、観戦会をはじめとする啓発活動「Future Challenge Project」を実施した。

清水エスパルス

✉ hometown@s-pulse.co.jp

2020	活動名	エスパルスエコチャレンジ　しずおか校庭芝生化応援団
	協働者	静岡県地球温暖化防止活動推進センター（特定非営利活動法人アースライフネットワーク）、特定非営利活動法人グラウンドキーパーズ、鈴与グループ、静清信用金庫、㈱静鉄ストア、㈱エンチョー、損保ジャパン日本興亜㈱、Shizuoka環境キャラバン隊、芝生化を目指す学校、幼稚園、保育園、施設などの関係者と親子、地域住民、エスパルスアカデミーの選手、静岡市、静岡県グリーンバンク
		地元団体、NPO、企業と連携し、三保グラウンド（練習場）の整備作業の際に抜き取られる廃材（小さな芝生の株）を利用したポット苗を作り、地域の芝生化を支援。セミナーの開催や芝生の普及も行い、芝生化を推進した。

	活動名	静岡市シェアサイクル事業 PULCLE（パルクル）※詳細はP8～21参照
🏳 2021	協働者	静岡市、㈱TOKAIケーブルネットワーク、㈱トコちゃんねる静岡、OpenStreet㈱、ステーション設置協力企業（ヨシコン㈱、㈱静岡銀行、静岡県労働金庫、㈱タカラ・エムシー、静岡ガス㈱、鈴与㈱など）、NPO法人オールしずおかベストコミュニティ、静岡サレジオ高等学校、machi machi（まちまち）
		自転車に適した地域特性を生かし、より多くの市民が安全で快適に自転車を利用できるように、静岡市が「静岡市自転車活用推進計画」を策定し、新たな都市交通システムとしてシェアサイクル事業を官民連携で実施することを検討。運営主体のTOKAIケーブルネットワークよりブランド協力の依頼を受け、「COOL CHOICE啓発活動」の一環として事業協力を決定。シェアサイクル事業によって街づくりに貢献し、現在も活動は拡大発展中。

2022	活動名	ホームタウン次世代育成プロジェクト エスプラス
	協働者	静岡市、富士市、富士宮市、静岡大学、一般社団法人プロフェッショナルをすべての学校に、明陽電機㈱、フジ物産㈱、東海澱粉㈱、春日製紙工業㈱、コアレックス信栄/三栄㈱、授業実施各校
		2011年にはじまったホームタウン次世代育成プロジェクト「エスパルスドリーム教室」を発展させ、2020年からは地域課題である人口減少に取り組むべく「エスパルスにさまざまなものをプラス」し、持続可能な地域を創るという意味を込め、授業名を「エスプラス」として産学官連携による新たな授業を展開。児童生徒とクラブ、社員が対話をしながら授業を実施している。

ジュビロ磐田

🔗https://www.jubilo-iwata.co.jp/contact/

2020	活動名	磐田市内小学生一斉観戦授業
	協働者	ヤマハ発動機㈱、㈱サーラコーポレーション、ポッカサッポロフード＆ビバレッジ㈱、NTN㈱、磐田市役所、磐田市教育委員会、磐田市推進協議会、磐田市PTA、磐田市内全小学校、サポーター（私設応援団）
		磐田市内22校の小学5、6年生約3200人が、授業としてJリーグ公式戦を一斉観戦。子どもたちに地元にジュビロがある喜びを感じてもらい、街を誇りに思い「おらが街」の意識を持つことで郷土愛が育まれることを願って、2011年から実施。

2021	活動名	ハザードマップの周知【ソナエル東海】
	協働者	磐田市、愛知大学地域貢献部、地域企業、磐田市内小学校
		東海6クラブによる「シャレン！活動」として「ソナエル東海」を制作。地震の備えに対し、磐田市と一緒に向き合うきっかけとして、ハザードマップを市民に周知した。

2022	活動名	磐田市健幸プロジェクト「ジュビロ飯」
	協働者	磐田市、磐田商工会議所、静岡農林環境専門職大学、静岡産業大学
		食とスポーツによる地域の健康向上と経済活性化を図る活動。地元の特産品を使用し、一定の栄養価基準をクリアできたメニューに対し、行政が「ジュビロ飯」と認定。磐田市内飲食店、学校学食に幅広く展開すると同時に、運動習慣定着のために短時間でできる筋力体操を考案した。

藤枝MYFC

✉info@myfc.jp

2020	活動名	共生社会『これまでの歩みとこれから』
	協働者	㈱田子重、㈱GV、ダイトー水産㈱、サカイ産業㈱自動車事業部、焼津チャレンジド・フットサル大会実行委員会
		福祉事業所と連携し、体力づくりや余暇活動の充実などを目的に2015年からフットサル大会を協働開催。この大会を通して選手との交流を深め、2018年からは応援ツアーを実施。2019年4月には障がい者就労支援プロジェクトもスタート。

2021	活動名	福祉支援プロジェクト2020
	協働者	㈱マルフク、㈲ロード・ワン、ダイトー水産㈱、杉村精工㈱、クボタ環境サービス㈱、明治安田生命保険相互会社静岡支社、焼津市健康福祉部、焼津市内就労継続支援事業所、静岡福祉大学
		障がい者就労継続支援事業所とともに、プロスポーツの現場を通じて多くの人が社会で活躍できる環境をつくることを目的とした障がい者就労支援プロジェクト。ホームゲームに備えて、参加者にスタンドの座席清掃やステッカー貼りなどを協力してもらった。

2022	活動名	ふじのくにジュニア防災士養成講座
	協働者	静岡県中部地域局危機管理課、中部電力パワーグリット㈱
		地域防災の担い手を育てる活動の一環として「ふじのくにジュニア防災士養成講座」の実施を決めた静岡県と連携し、中部電力パワーグリット㈱とともに同講座で協働。年10回の講座で1211人（2021年）の中学生が受講し、防災に対する知識を高めた。

アスルクラロ沼津

✉ contact@azul-claro.jp

2020		

活動名 ぼうさいマップ作り2019

協働者 門池自治会、一般社団法人日本損害保険協会、沼津市

自治会などと連携し、地域の子どもたちが楽しみながらまちを見て回り、ぼうさいマップを制作する安全教育プログラム「ぼうさい探検隊」を実施。

2021

活動名 全力防災隊

協働者 沼津市危機管理課、スルガ銀行、日本赤十字社静岡県支部

災害に備えた防災のスペシャリストを育成するための講座を開設。沼津市危機管理課、スルガ銀行、日本赤十字支部の協力の下、参加者に防災対策、AED使用方法、心肺蘇生方法について学ぶ機会を設けた。

2022

活動名 CPサッカースクール

協働者 スルガ銀行㈱、㈱ル・グラン、㈱村上開明堂、㈲金子電子工業、沼津市

スポーツを通じて、子どもたちのチャレンジする心を全力で育てることを目的とし、2021年から脳性まひの障がいを持つ子どもたちに向けたサッカースクール「CPサッカースクール」を始動。スクール生は、サッカーだけでなく、釣り教室、ダンス、スポーツダーツなどさまざまなことにチャレンジする。

名古屋グランパス

✉ Hometown@nagoya-grampus-eight.co.jp

2020

活動名 グランパス未来商店街　※詳細はP74～83参照

協働者 TCCM（豊田市中心市街地活性化協議会）、グランパスシャレンメンバー

クラブがハブとなり、かつて駅前にあった商店街のようなコミュニティを新たな取り組みの中でつくることを目的とした、豊田市駅周辺の商業エリア活性化プロジェクト。クラブを活用した街づくりの意義をTCCM（豊田市中心市街地活性化協議会）や街の方々に理解をしてもらい、試合日の駅前イベントなど地元活性化活動を実施した。

2021

活動名 大学生消防団×SNS「♯防災キックオフチャレンジ」

協働者 名古屋市大学生消防団、名古屋市消防団連合会、名古屋市消防局、㈱HITOTOWA

市内大学に通う大学生で構成される「大学生消防団」からの声掛けにより実現した防災対策活動。マスコットのグランパスくんが「消防団サポーター」となり、㈱HITOTOWAと連携したディフェンスアクションなどさまざまな連携活動を実施した他、コロナ禍においてはSNSを活用した情報発信などを実施した。

2022

活動名 食を通じて笑顔つながる・生まれるスマイルBOX事業

協働者 グランパスボランティア、愛知県母子寡婦福祉連合会、認定NPO法人セカンドハーベスト、㈱パソナ

新型コロナウイルスの影響が多大に出ているひとり親家庭を対象としたフードドライブをホームゲーム2試合で実施。計150組以上の方から寄付をいただき、ボランティアや企業と連携し、ひとり親家庭に食品やマスク、クラブのグッズを詰め込んだ「スマイルBOX」を配布した。

FC岐阜

✉ hometown@fc-gifu.com

2020	活動名	FC岐阜×Wings 交流会
	協働者	独立行政法人国立病院機構長良医療センター、電動車椅子サッカーチーム「Wings」
	2008年にJリーグに昇格したことをきっかけにスタートした、筋ジストロフィーの入院患者らで結成された電動車椅子サッカーチーム「Wings」との交流活動で、2019年度は年12回開催。選手が電動車椅子に乗って一緒にプレーする他、長良医療センターの病棟を訪問して入院患者さんと触れ合う機会も設けている。		
2021	活動名	ソナエル東海：防災（自助）の大切さを感じよう！
	協働者	岐阜県危機管理政策課、防災課、名鉄協商㈱
	2020年9月1日の防災の日に東海地区の6クラブが中心となって「ソナエル東海」を発足。共通した活動はもちろん、各クラブで防災に関連した活動を推進し、その一環としてホームゲームの日に防災啓発イベントを実施。オリジナル商品を入れた防災キットを販売したほか、災害から命を守るために必要な情報一式をまとめた「防災パネル展示」、防災備蓄品や県産品の当たる「お楽しみ抽選会」などを実施した。		
2022	活動名	防災について考えよう
	協働者	岐阜市立長良西小学校、岐阜県危機管理部防災課
	家族などで防災について話し合うきっかけづくりを目的に、マスコットキャラクターのギッフィーを用いた子ども向けのチラシを作成。岐阜市内の小学校などに配布し、岐阜県の協力により防災出前講座を実施した。		

4　近畿

京都サンガF.C.

🖥 https://sanga-fc.jp/other/inquiry/

2020	活動名	亀岡セーフコミュニティ外傷予防講習会
	協働者	亀岡市、市内中学校サッカー部
	誰もが安全に安心して暮らせる「セーフコミュニティ」を推進する亀岡市および市民と協働し、「セーフコミュニティ」のひとつの課題である「けがの予防」を目的とした中学スポーツ部活動生徒対象の講習会にサンガのアスレティックトレーナーを講師として派遣。プロクラブが持つ専門的な知識を伝え、地域課題解決に取り組んだ。		
2021	活動名	GATE WAY大作戦
	協働者	海の京都DMO、お茶の京都DMO、森の京都DMO、訪問先自治体、訪問先事業者
	ホームゲームの開催に合わせた「スポーツツーリズム」の振興・発展を図るため、京都府内の観光地やグルメスポットを訪れ、魅力を紹介する「GATE WAY 大作戦」を実施。「海の京都」「森の京都」「お茶の京都」という3つのDMO（観光地域づくり法人）をはじめ、府内自治体、府内事業者の協力の下、学生リポーターが体験したことをフリーペーパーの「サンガタイムズ」の紙面で7回にわたって情報を発信した。		

2022	活動名	ホームタウンデー2021
	協働者	TEAM京都コンソーシアム(ホームタウンを中心とした各行政や団体が一体となってサンガを応援し、地域コミュニティ活性化などに寄与するため設立された組織)、和知太鼓保存会、NPO法人京都府ダブルダッチ協会、京都府立綾部高校ダンス部、他多数
		新スタジアム移転後の新しい取り組みとして、ホームタウン市町の方々がサンガと一緒にスタジアムを楽しみ、笑顔で生き生きと輝ける機会を創出するため、TEAM京都コンソーシアムと協働で実施。従来からのホームタウンデーという名前や地域PRなどの取り組みは生かしつつ、ホームタウン市町の方々が試合を観るだけでなく、パフォーマーとして参加できるイベントにグレードアップさせた。

ガンバ大阪

✉ hometown@sp.gamba-osaka.net

2020	活動名	ガンバ大阪スカンビオカップ／スカンビオ関西交流大会
	協働者	特定医療法人大阪精神医学研究所新阿武山病院、NPO法人日本ソーシャルフットボール協会、国立大学法人大阪大学、大阪成蹊大学、平成医療学園専門学校
		2007年に高槻市の新阿武山病院より、高槻市で活動する精神障がい者のフットサルクラブにガンバ大阪として協力してほしいとの依頼を受けたことをきっかけに、精神障がい者の社会復帰を目的としたアカデミーコーチによるサッカー指導を開始。その後はフットサル大会も開催するなど、継続して活動を実施している。
2021	活動名	「ホームで勝とう〜ガンバとともに〜」
	協働者	パナソニック㈱、ロート製薬㈱、㈱ダイセル、シップヘルスケアホールディングス㈱、大建工業㈱、ぴあ㈱、EXPOCITY、北おおさか信用金庫、紀陽除虫菊㈱、HATTRICK
		「新型コロナウイルスに負けない！」という思いを込めた限定ユニフォームシャツを、ファン、サポーター、パートナー企業からの協力の下で制作。ホームタウン北摂7市内にある医師会などを通じて医療施設へ寄贈した。
2022	活動名	「ガンバ大阪スカンビオカップ」3年ぶりに開催！
	協働者	公益社団法人日本プロサッカーリーグ、NPO法人日本ソーシャルフットボール協会、特定医療法人大阪精神医学研究所新阿武山病院、履正社医療スポーツ専門学校
		2020年にエントリーした活動でもある精神障がい者のフットサル大会「ガンバ大阪スカンビオカップ」を3年ぶりに復活させ、全国各地から8チーム、約100人が集って大会を実施した。

セレッソ大阪

✉ lovehome@cerezo.co.jp

2020	活動名	大阪市立図書館×セレッソ大阪　読書推進プロジェクト(2019年スタート)
	協働者	大阪市立図書館(大阪市教育委員会)、㈱CRTM、東洋シール㈱、ナカバヤシ㈱、㈱ヘソプロダクション ※ 2020年より協働者として読売新聞大阪本社、2021年より堺市教育委員会、2022年より㈱ダイレクトマーケティングミックスが加わる
		小学生のうちに本を読む習慣をつけてほしいと考え、読書手帳の配布を中心に、イベントや図書館での巡回展、学校図書館でのポスター掲出などを実施。賛同してくれた4社による金銭的支援だけでなく、読書手帳のデザイン、印刷、シール制作といった実務面における協力をもらい、パートナーとして協働した。

2021	活動名	セレッソ交通安全ランドセルカバー
	協働者	㈱モリトク、大阪府警察本部交通部、大阪市教育委員会
	*	毎年、大阪市内のすべての小学1年生に対し、入学のお祝いとして光反射材つきのオリジナルランドセルカバーを贈呈。初年度の2018年はスタジアムのある東住吉区内の小学1年生約1500人に配布し、2019年度以降は大阪市内すべての小学校（約280校）に入学した小学1年生約2万2000人を対象に実施している。また、配付の際には、ホームゲームへの親子ペアご招待を案内する他、大阪府警察本部と連携し、スタジアムに近い長居小学校で交通安全授業も実施。

2022	活動名	大阪市×セレッソ大阪×明治安田生命「みんなでわくわくウォーキング100kmチャレンジ」大阪周遊バーチャルウォーキングマップ
	協働者	大阪市健康局、明治安田生命保険相互会社大阪本部（協賛）、積水ハウス㈱（絹谷幸二天空美術館）、積水ハウス梅田オペレーション㈱（梅田スカイビル空中庭園展望台）、通天閣観光㈱
	*	コロナ禍において、老若男女を問わず運動不足が問題となる中、大阪市健康局と協議し、どの世代の人も気軽にはじめられ、それぞれの体力や体調に合わせて続けることができるウォーキングイベントを企画。大阪市内の観光スポットを掲載したウォーキングマップを作成し、「3密」を避けるバーチャルでのウォーキングイベントを実施した。

ヴィッセル神戸　https://www.vissel-kobe.co.jp/about/contact/

2020	活動名	JR西日本津波避難訓練
	協働者	西日本旅客鉄道㈱
	*	JR西日本と連携し、南海トラフ地震で発生する津波を想定し、列車の乗客の人命を守り、地域住民が安全に避難できるよう、スタジアム近隣地域や企業の方に協力してもらい、津波避難訓練を実施した。

2021	活動名	ノエスタ想い出プロジェクト
	協働者	神戸市、スタジアム近隣自治体、神戸市立駒ヶ林中学校、神戸市立吉田中学校、兵庫県立兵庫工業高校、ほか（非公表団体）
	*	新型コロナウイルスの影響で、行事の中止や延期が相次ぐ中、「想い出づくり」を手助けしようとスタジアムを活用。多数の応募の中から、すべての学校行事が中止となった小中高それぞれの行事をピッチで実施したのをはじめ、中止になった夏の総体に代わる記念試合など、7案件を実施した。

2022	活動名	神戸市新型コロナワクチン接種会場の運営協力活動
	協働者	SBCメディカルグループ・I&H㈱、公益社団法人兵庫県看護協会、独立行政法人国立病院機構神戸医療センター、医療法人神甲会隈病院、英ウィメンズクリニック、ドクターズ㈱、神戸大学、東京慈恵会医科大学外科学講座、神戸大学医学部附属病院、神戸女子大学、大手前大学、京都橘大学、神戸常盤大学神戸市民間病院協会神戸看護専門学校（順不同）
	*	神戸市に対して一刻も早く市民がワクチン接種を行えるよう、ノエビアスタジアム神戸をワクチン接種会場として提供することを打診。楽天グループ、医療機関、大学など「産学官」計19者の連携により、国内最大規模のワクチン接種を実施。試合運営で培ってきたノウハウを接種会場に落とし込み、スムーズで安全安心な会場運営を約7ヶ月間行い、累計36万7135回、約18万人の市民がノエスタに来場。有事にスタジアムを最大限に活用。

ガイナーレ鳥取　　　　　　　　　　　　✉ info@gainare.net

🏳 **2020**	活動名	芝生で地域課題解決！「しばふる」で街も人も笑顔に！
	協働者	本田技研㈱(HONDA)、三光㈱、ミライズ、チュウブ緑地、㈲岡田商店、㈱まるごう、鳥取県トライアスロン協会
		チュウブYAJINスタジアムの施設管理で培った芝生ノウハウをもとに複数の協力者と立ち上げた芝生生産プロジェクト。「地域社会の一員としてお役に立つ」という想いから地域課題である米子市の遊休農地(耕作放棄地)を借りて芝生を生産。生産した芝生は、県内外問わず、教育施設や多目的広場、社屋などに販売している。
🏳 **2021**	活動名	地域のガキ大将づくり『復活！公園遊び』
	協働者	NPO法人やまつみスポーツクラブ、ミライズ永伸商事㈱、鳥取県スポーツ課、鳥取市スポーツ課、米子市こども家庭課、境港市教育委員会、社団法人鳥取福祉会、米子市、境港市、鳥取市各小学校
		2003年から続いている活動。「外遊びが少なくなり、遊びを通して人間関係を築くのが苦手になりつつある子どもたちに遊び方やその楽しさを伝えたい」という想いをプログラム化し、年間100回を目標に活動を展開する。
🏳 **2022**	活動名	サッカーだけじゃない、地域で共創する夜のスタジアム
	協働者	米子市、光電気LEDシステム㈱、中海放送テレビ㈱、ローカルエナジー㈱、デジタルハリウッド、各店舗
		試合がない日でも地域の方々にスタジアムを利用してほしいという想いから、スタジアムの新たな活用方法を企画。夜のスタジアムを活用し、自由に利用してもらえるような空間を演出。米子市の「新規ビジネスモデル創造支援事業」に採択され、地域の企業の方々とともに活動を推進した。

ファジアーノ岡山　　　　　　　　　　✉ info@fagiano-okayama.com

2020	活動名	Ki-Bi Lab. 48時間デザインFunRun
	協働者	主催：岡山県備前県民局、協力：NPOハートアートリンク、FabLab Setouchi B
		障がいのある人の芸術文化活動の振興および障がいのある人の自立と社会参加の促進を図るため、オフィシャルグッズをコラボ制作。障がい者（クリエーター）とデザイナーがチームを結成し、2日間という限られた時間の中で商品化に向けてデザインし、制作したグッズを試合会場で販売した。
2021	活動名	《障がい者アート》48時間デザインマラソン
	協働者	主催：岡山県備前県民局、協力：NPOハートアートリンク、FabLab Setouchi B"
		上記活動を継続。
2022	活動名	ホームゲームでの新型コロナワクチン接種会場設置
	協働者	岡山県、公益財団法人岡山県健康づくり財団
		新型コロナワクチン未接種者の接種促進と県内の感染拡大防止につなげることを目的に、ホームゲーム会場にワクチン接種会場を設置。当日は事前予約定員120人がワクチンを接種した。

サンフレッチェ広島　　　　　　　　　　　　　　　✉ hometown@sanfrecce.co.jp

2020

活動名	"ピースマッチ"（サッカーを通じた平和発信）
協働者	広島市役所、平和首長会議、北海道コンサドーレ札幌

被爆地で活動するクラブとして、サッカーを通じて世界平和を発信するため、原爆投下の８月６日の直近のホームゲームを「ピースマッチ」とし、８月３日のコンサドーレ札幌戦で実施。「One Ball.One World.スポーツができる平和に感謝」をスローガンに、選手と観客が一体となって平和を発信した。

2021

活動名	"Save Hiroshima" キャンペーン
協働者	広島県、広島市、東広島市、国営備北丘陵公園、広島大学病院など

広島県が新型コロナ感染防止対策に取り組む中、広島を守り、支えていくための方策の検討。「Save Hiroshima」のキャッチコピーを合言葉に、オリジナルTシャツの売上金の一部（100万円）をコロナ対策費として県に寄付したり、テイクアウトを展開する飲食店の情報やマップ、商店街のチラシなどをHPやSNSで紹介したり、スポーツをする機会を失った子どもたちに対しては親子サッカー教室を開催したりと、さまざまな活動を実施した。

2022

活動名	街ごみから宇宙まで∞サンフレッチェ広島SDGs宣言
協働者	㈱G-place、特定非営利活動法人グリーンバード、安芸高田市立愛郷小学校、広島県、広島県東広島市

クラブとしてSDGs宣言を行い、これまで展開してきた「街ごみ清掃活動」などを継続する他、新たに行政との連携協定を基にした「地域貢献活動」や夢・チャレンジ大使による宇宙に広がる夢を子どもたちに伝えていく「出前講座」など、さまざまな活動を実施した。

レノファ山口FC　　　　　　　　　　　　　　　　　✉ info@renofa.com

2020

活動名	レノファ健康・元気体操
協働者	社会福祉法人ひとつの会

「健康元気体操」を開発・制作・普及する活動。誰もが活躍する地域社会をつくることができれば、人口急減・超高齢化社会に直面する山口県の大きな課題に対して問題解決のツールに成り得ると考え、社会福祉法人とプロスポーツクラブの資源を相互活用。2018年から実施している。

2021

活動名	『人生の先輩からのエール』企画
協働者	サントリーウエルネス㈱、レノファ山口FCサポーター団体「ヤマグチスタ」、レノファ山口FC公認ボランティア「TeamBONDS」

サントリーウエルネス㈱から「認知症の予防や高齢者や認知症の方との共生」を目的に、地域に根差したJリーグと協同でプロジェクトを実施したいとの話を受け、プロジェクトを実施。「人生において、どうやって苦境に向き合い、乗り越えていったらよいか？」という問いに対するメッセージを、当時の監督よりも年上の県内19市町に在住の方に横断幕に記入してもらい、特別な横断幕を2020シーズン最終戦に掲げてセレモニーを実施した。

2022	活動名	エコな応援グッズ「竹クラーベ」による、地域課題解決
	協働者	㈱トクヤマ、周南市、徳山商工高等学校、サポーター
	全国4位の竹林面積を誇る山口県内の竹害問題に着目した活動。竹資源を発電燃料に活用する実証実験にも取り組む㈱トクヤマと協力し、周南市、サポーターをはじめとする地域の方とともに、竹の有効活用によるエコな応援具「竹クラーベ」を制作。地域課題の解決を図りながら、新たな応援スタイルを創出した。	

6 四国

カマタマーレ讃岐　　✉ info@kamatamare.jp

2020	活動名	アバターを活用した観戦体験・魅力体験　※詳細はP54〜63参照
	協働者	香川県、全日本空輸㈱高松支店、かがわ総合リハビリテーションセンター
	2014年から選手が障がい者支援施設を訪問し、施設の利用者の方と触れ合う中、さまざまな理由で試合観戦ができない方のために「アバター」を通じてスタジアム観戦を実現。「アバター」開発を進める全日本空輸㈱高松支店と協働し、施設の利用者の方にスタジアムの雰囲気を感じてもらい、そこにいるファン・サポーターと触れ合う機会をつくった。	
2021	活動名	地元企業コラボマスクでマスクの供給と寄付活動
	協働者	㈱スワニー、㈱マルナカ、日本赤十字社香川県支部
	新型コロナウイルスの感染拡大によるマスク不足を解消すべく、㈱スワニーと共働。抗菌・抗ウイルスのオリジナルマスクを製作し、販売。売り上げの一部を日本赤十字社香川県支部に寄付した。	
2022	活動名	医療従事者の方への感謝プロジェクト
	協働者	一般社団法人香川県医師会、公益社団法人香川県看護協会
	コロナ禍で開幕した試合から約1年という節目の試合のロアッソ熊本戦をスタートに、医療従事者の方々へ感謝を伝える活動を実施。医療従事者の方とその家族の方76人を招待して試合観戦を楽しんでいただき、イベント広場では「医療従事者へ感謝を届けよう！寄せ書きブース」を設置。サポーターにもメッセージをもらい、選手、スタッフだけではなくクラブに関わる全員で活動に取り組んだ。	

徳島ヴォルティス　　✉ info@vortis.jp

2020	活動名	ヴォルティスコンディショニングプログラム（SIB）
	協働者	美馬市、大塚製薬㈱、㈱R-body project、㈱タニタヘルスリンク、明治安田生命保険相互会社、㈱阿波銀行、徳島県信用保証協会、筑波大学名誉教授・河野一郎先生、㈱日本総合研究所
	Jリーグクラブによる全国初のヘルスケアSIB。ホームタウン貢献活動として年間400回以上の活動を継続していたが、そのほとんどがボランティアでの取り組みで、活動の拡大にも限界があるため、次のステップとして事業化を模索。その結果、トップアスリートも実践するトレーニングを体系化したR-body project社のプログラム、栄養面では大塚製薬のボディメンテゼリー、日々の活動の見える化（ICT）はタニタヘルスリンク社など、関連する企業と連携して運動プログラムをつくり、市民に参加してもらっている。	

2021	活動名	障がい者支援（精神障がい・発達支援）サッカー教室
	協働者	徳島県精神保健福祉協会、徳島県精神病院協会、桜木病院、南海病院、いつもここから、オレンジノート、むつみホスピタル
		障がい者支援として、2012年から精神障がい者フットサル交流会を、日本精神科病院協会徳島県支部、徳島県精神保健福祉協会とともにスタート。異年齢との交流としては、2013年からホームタウン推進部普及コーチが、発達障がい児に向けて2ヶ月に1回のペースでサッカー教室を実施している。
2022	活動名	青春の溜まり場をめざして〜VCCの活動〜
	協働者	美馬市保険健康課、大塚製薬㈱、郡里地域まちづくり協議会、美馬市住民
		2019年7月より取り組んでいる美馬市版SIBヴォルティスコンディショニングプログラム（VCPG）。今回はその卒業生を対象にOB・OG会、ヴォルティスコンディショニングクラブ（VCC）を創設。単発の企画で終わるのではなく、さまざまな人とつながり、年代・性別に関係なく、あらゆる人々の「青春の溜まり場」であり続けていくことを目指して活動している。

愛媛FC

✉ webmaster@ehimefc.com

2020	活動名	東温市×愛媛FC COOL CHOICE事業
	協働者	東温市、えひめ先進環境ビジネス研究会、カーボンフリーコンサルティング㈱、㈱伊予鉄グループ
		東温市が推進する「東温まるごとCOOL CHOICEプロジェクト」の一環として実施した「COOL CHOICE事業」の普及啓発活動。事前に東温市内で創り出されたクレジットを使用し、試合で排出される二酸化炭素（スタジアム稼働にかかわる二酸化炭素排出量や臨時バスの運行に係るバス燃料など）をカーボンオフセット。試合時に賛同者の署名活動も行い、愛媛FCと東温市のコラボグッズをプレゼントした（グッズ作成には国と市の助成金を活用）。
2021	活動名	つながり愛
	協働者	愛媛県や愛媛県20市町の自治体、スポンサー企業など
		コロナ禍で、Jリーグクラブとしてホームタウンにできることがないかとクラブスタッフと選手全員で考え、スポンサー企業や地域の飲食店、地域のPR、選手が主導で行った県民の方々への寄付活動などを通して、地域への恩返しを行った。
2022	活動名	プロスポーツ×松山青年会議所スクールキャラバン
	協働者	公益社団法人松山青年会議所、愛媛マンダリンパイレーツ、愛媛オレンジバイキングス
		公益社団法人松山青年会議所と地域活性化に関する連携協定を、松山市を拠点とするプロスポーツ3チーム（愛媛FC、愛媛マンダリンパイレーツ、愛媛オレンジバイキングス）が締結。その一環として、プロスポーツチーム3チームが合同で、松山市内の小学校を訪問。子どもたちに多様なスポーツ体験の機会を与え、スポーツの楽しさを知ってもらった。

2020	活動名 Bari Challenge University
	協働者 協賛企業：医療法人社団輝生会、三浦工業㈱
	社会変革者を生み出すためのワークショッププログラム。全国から若者が今治に集まり数日間生活をともにする中で、夢にチャレンジするきっかけをつくると同時に、FC今治アドバイザリーボードも参加し、若者の挑戦を全力で支援する教育事業。2016年に開始したこの活動は、これまで多数の卒業生を輩出している。
2021	活動名 市内小学生への環境教育冊子の寄贈
	協働者 デロイトトーマツグループ、今治市教育委員会、今治市内小学校
	ソーシャルインパクトパートナーのデロイトトーマツグループと環境教育冊子を共同作成し、今治市教育委員会へ約1400冊を贈呈。今治市内の公立小学校の５年生全員に配布された。この環境教育冊子は、今治市より指定管理委託を受けている「しまなみアースランド（今治西部丘陵公園）」で、今治市内の小学５年生向けに実施している環境教育プログラムをもとに制作されている。
2022	活動名 無人島ゴミ拾いプロジェクト
	協働者 ㈱テクノラボ、日本たばこ産業㈱、今治市教育委員会、愛媛県教育委員会、愛媛県漁業協同組合桜井支所、今治市桜井財産区
	JT SDGs貢献プロジェクトの助成を受け、中学生以上を対象に１泊２日で今治市の無人島・平市島に行ってゴミを拾い、集めたゴミを資源としてコースターやリーフトレイにつくり変えるというプロジェクトを実施。また、ホーム試合会場で報告会を行い、試合終了後には共感いただいたサポーターと一緒にスタジアム周辺のゴミ拾い活動を実施した。

7　九州・沖縄

2020	活動名 健康づくり地域交流フェスタ
	協働者 公益財団法人福岡県市町村振興協会
	地域における人口の高齢化、少子化などに対応するための事業の一環として、政令市を除く福岡県内市町村の世代間交流と健康増進を図ることを目的に「健康づくり地域交流フェスタ」を開催。公益財団法人福岡県市町村振興協会からの委託事業として、2013年から継続する。
2021	活動名 健康づくり地域交流フェスタ
	協働者 公益財団法人福岡県市町村振興協会
	上記活動を継続。

2022	活動名　アビスパ福岡選手会smileプロジェクト
	協働者　はかた伝統工芸館、㈱エコア
	2017年に発生した「九州北部豪雨」をきっかけに、アビスパ福岡選手会が被災地との交流を開始し、その後「アビスパ福岡選手会smileプロジェクト」としてさまざまな活動を継続。今回は、「はかた伝統工芸館」とコラボし、博多の伝統工芸との相互応援企画として選手30人が絵つけしたオリジナルのアビスパ福だるま！(博多人形だるま)をチャリティ販売。販売の収益で医療従事者とその家族を試合に招待した。

ギラヴァンツ北九州 ✉ tiiki@giravanz.jp

2020	活動名　高齢者向け健康教室
	協働者　一般財団法人平成紫川会小倉記念病院、北九州市認知症支援・介護予防センター
	社会活動への参加が乏しくなる高齢者が、日常的に社会活動への参加機会を増やすことを目的に「あしは心臓」をテーマに実施した活動。当初、病院は独自で講演会形式の市民公開講座を、クラブは独自でシニア健康教室を市の委託事業として別々に実施した中で、北九州市認知症支援・介護予防センターも活動趣旨に賛同。3団体による継続事業に発展した。

2021	活動名　曽根干潟クリーン作戦　〜循環型社会の実現に向けて〜
	協働者　北九州市立曽根東小学校、曽根東PTA役員、北九州市、ダウ・ケミカル日本㈱、テラサイクルジャパン合同会社、一般社団法人バードライフ・インターナショナル東京
	バードライフ東京からJリーグ鳥の会への相談をきっかけに、ダウ・ケミカル日本㈱とテラサイクルジャパン合同会社が、循環型社会の実現に向けて地域と連動した清掃活動と環境教育、回収した廃プラスチックをリサイクルするプログラムを北九州で実施することが決定。曽根東小学校の児童に向けて環境授業を行ったうえで、生徒とPTA、ギラヴァンツ北九州スタッフ、ギランが、ともに曽根干潟の清掃と廃プラゴミの分別を実施。回収された約150kgのプラスチックゴミの一部は、ゴミ袋などにリサイクルした。

2022	活動名　SDGsプロジェクト第3弾「ギラファーム」
	協働者　㈱ナフコ、北九州市立浅野社会復帰センター(指定管理者：社会福祉法人北九州精神保健福祉事業協会)
	㈱ナフコ、浅野社会復帰センターとの協働プロジェクト。ナフコ小倉南店のスタッフに野菜の育成ノウハウを教えてもらいながら、畑の育成から、さつまいも、落花生、ハーブの苗植え・収穫までを実施。苗植えはギラヴァンツ北九州サッカースクールの生徒が、ホームゲームでの販売はトップチームの選手と浅野社会復帰センター利用者がともに実施。販売売上は浅野社会復帰センターに活用してもらった。

サガン鳥栖 ✉ info@sagandreams.co.jp

2020	活動名　世界一安全なスタジアム計画
	協働者　佐賀大学医学部附属病院、らいふ薬局
	スタジアムドクターの佐賀大学医学部附属病院の阪本教授監修。らいふ薬局協力のもと、スタジアムで試合観戦するサポーターに健康上のトラブルが発生した時のための救急対応の質の向上を目指した活動。事前に患者となる方の基本情報(個人健康記録)の把握、個人健康記録(パーソナルヘルスレコード：PHR)の集積といったサービスを実施。来場ポイント特典と特製ピンバッジのプレゼントを実施し、参加を促した。

2021	活動名	歴代記念配布ユニフォームでマスクをつくろう
	協働者	公益財団法人佐賀未来創造基金、NPO法人放課後児童クラブ、ハンドメイドショップSUSIE、布作家tonto、地域の企業（27企業）
	新型コロナウイルス感染拡大により、全国的にマスクが不足していた時期にファン・サポーターに向けて、これまで来場者に対してスタジアム配布を行ってきた17種類のユニフォームをマスク生地として提供。マスク製作に使用してもらった。また、佐賀県の公益財団法人と協力し、余分に作ったマスクを子ども食堂や放課後児童クラブに寄付した。	
2022	活動名	鳥栖北地区新花いっぱい運動
	協働者	鳥栖北小学校PTA、鳥栖市役所、鳥栖北地区まちづくり推進協議会、グリーンファーム山浦
	2016年より、交通安全対策の一環として佐賀県内の全小学1年生にランドセルカバーを配布する活動を継続。今回は、その活動を行う「子ども見守り隊」への感謝の気持ちを伝えるために、鳥栖北小学校の1年生とその保護者の方と一緒に、花の寄せ植え作業を実施した。	

V・ファーレン長崎

✉ jv_pr_town@japanet.co.jp

2020	活動名	V−DREAM
	協働者	各自治体、教育委員会、校長会
	子どもたちの夢や目標達成の力になりたいと考え、クラブ所属の選手やコーチングスタッフが長崎県内の小中学校を訪問。子どもたちに体を動かすことの楽しさ、仲間と協力すること、ルールを守ることなどを伝え、子どもたちの健全育成とスポーツ振興を図るとともに、クラブを身近に感じてもらった。	
2021	活動名	愛と平和と一生懸命　〜長崎市と連携協力した平和の灯〜
	協働者	長崎市被爆継承課、長崎原爆資料館、世界平和祈念行事実行委員会、平和の灯実行委員会、ファン・サポーター
	クラブとして多くの方に「平和の灯」のことや、平和について知ってもらうべく、「平和の灯」のイベントで使用するキャンドルづくりのイベントを長崎市民会館で開催。事前に募集していたファン・サポーター21人とともにキャンドルづくりに挑戦し、つくった100個のキャンドルは「平和の灯」のイベントに先行してホームゲームで選手入場の際の通路にキャンドルを設置。会場に集まったファン・サポーターにお披露目した。	
2022	活動名	雲仙普賢岳災害から30年をきっかけに防災について考える
	協働者	島原市・南島原市、公益財団法人雲仙岳災害記念財団、日本赤十字社長崎県支部、㈱山善、V・ファーレン長崎ファン・サポーター
	雲仙普賢岳の噴火災害から30年という節目の年を迎え、防災意識の向上を目指してさまざまな活動を展開。新人研修の一環として鍬先祐弥選手が防災担当として被災地の今を学んで発信した他、日本赤十字社の協力で親子で学ぶ防災×サッカー教室を実施。また、防災の日には日本赤十字社を講師に招き、社内研修を行い、その後開催された「ヤフー防災模試ソナエルJapan杯」にクラブを挙げて取り組み、優勝した。	

ロアッソ熊本　　TEL096-283-1200（土・日・祝日、ホームゲーム翌日を除く 9：00〜18：00）

2020	活動名	「火の国もりあげタイ！」プロジェクト
	協働者	熊本県内49市区町村担当者（2019年は、熊本市東区、宇土市、小国町、西原村、氷川町）
		選手たちが、行政や地域住民の方と交流を図りながら、地域の「まちづくり」や「まちおこし」の応援を行い、県民とともに熊本を盛り上げていくことを目的として、さまざまなイベントなどに参加する地域活性化活動。
2021	活動名	5月5日子どもの日Webで一緒にご飯を食べよう
	協働者	Precious place「かけがえのない場所」
		コロナ禍により、子どもたちが自宅にひとりでいることが余儀なくされ、子どもたちの「孤食」という問題が発生。そこで、クラブとしてこどもの日に選手が参加する「オンライン昼食会」を開催し、多くの子どもたち、保護者の方と一緒に会話をしながら昼食を楽しんだ。
2022	活動名	ロアッソ熊本産学連携プロジェクト2021
	協働者	㈱マイナビ、九州産交ランドマーク㈱、㈱ジェイコム九州熊本局、菊池地域農業協同組合（JA菊池）
		「熊本の未来を担う若い人達が生き生きと働ける地域を創っていくこと」の取り組みの一環として、パートナー企業の㈱マイナビと協働。県内の魅力あふれる企業と連携しながら、インターンシップを通じて学生のキャリアづくりをサポートしていく「ロアッソ熊本産学連携プロジェクト2021」をスタート。企業の協力により、参加する学生がさまざまな職業体験に参加した。

大分トリニータ　　🖹 https://www.oita-trinita.co.jp/inquiry/

2020	活動名	ホームゲームでのパラスポーツ体験会
	協働者	サインポスト㈱、大分大学アダプテッドスポーツクラブ、大分県障がい者体育協会、大分県ボッチャ協会、大分県アーチェリー協会、大分県車いすバスケットボール連盟、大分県フロアホッケー連盟、NPO法人日本パラ・パワーリフティング連盟、NPO法人SMIS、NBU日本文理大学サッカー部、FC九州バイラオール、杵築市パラアスリートクラブ
		障がいの有無に関わらず、ともにスポーツを楽しめる社会づくりのきっかけになることを目指し、市営陸上競技場開催分を除く全ホームゲームで「パラスポーツ体験コーナー」を実施。毎回多くの子どもたち、年配の方々、トリニータの選手も交え、さまざまな障がい者スポーツを楽しんだ。
2021	活動名	コロナに負けるな！〜まちかどお弁当販売所〜
	協働者	大分市、まち文化再生プロジェクト、みんなの㈱
		コロナ禍の影響を受ける大分市内の飲食店が賑わうように、市内商店街のイベントスペースを活用して各飲食店が大分県産野菜を使用する弁当販売を行う企画を実施。クラブとしてHPやSNSで告知活動を行い、普段はスタジアムで販売している弁当も販売した。

2022	活動名	コーヒー豆の販売で障がいのある方の就労支援
	協働者	合同会社SPECIAL SUPPORT、福祉事業所
	\multicolumn{2}{}{障がい者就労を支援する合同会社SPECIAL SUPPORT、福祉事業所と一緒に、障がい者の就労支援を目的としたコーヒー豆を、HPやスタジアムで販売。障がい者と受け入れる側、どちらかが一方的に支援を受けるのではなく、互いに支え合う仕組みを構築した。}	

テゲバジャーロ宮崎　　　　　　　　　　　　　✉ support@tegevajaro.com

2021	活動名	明治安田生命Jリーグウォーキング
	協働者	明治安田生命保険相互会社宮崎支社
	\multicolumn{2}{}{クラブとして「明治安田生命Jリーグウォーキング」の運営に協力し、地域住民の方と体を動かす習慣づくりに協力。クラブとして市民の方やサポーターとの交流を図った。}	

2022	活動名	愛あるゴハンを届けよう！プロジェクト
	協働者	支え合いの地域づくりネットワーク団体、江夏商事ホールディングス㈱、ひいらぎホールディングス㈱、宮崎県農協果汁㈱、児湯養鶏農業協同組合、宮崎市役所子ども未来部子育て支援課
	\multicolumn{2}{}{公式戦で勝利した場合、協賛企業から集めた食材や備品を地域の子ども食堂に届ける活動。2021年は、宮崎市26ヶ所、新富町1ヶ所の子ども食堂に9回届けた。}	

鹿児島ユナイテッドFC　　　　　　　　　　　✉ info@k-sapo.com

2020	活動名	鹿児島ユナイテッドFC×離島
	協働者	奄美大島サッカー協会（奄美市以外の離島も含めたサッカー協会）
	\multicolumn{2}{}{2015年にJFLのホームゲームを奄美市で開催して以来、航空会社「日本エアコミューター」協力の下、スクールコーチが各離島を訪れてのサッカー教室を開催。シーズン前のキャンプを奄美市で行い、地元の人たちと交流を深めた。}	

2021	活動名	鹿児島ユナイテッドFC フューチャーズ
	協働者	西眞一さん（姶良市役所職員）、泉谷光紀さん（鹿児島県立武岡台養護学校教諭）、鹿児島県知的障がい者サッカー連盟事務局
	\multicolumn{2}{}{障がい者スポーツをもっと普及させたいという願いから、知的障がい者チーム「フューチャーズ」を2019年に発足。チーム誕生により、毎週金曜日の夜にトレーニング、週末は公式戦やトレーニングマッチを行える環境をつくり、継続して活動。}	

2022	活動名	田上裕応援リーダー　〜未来の天下の大将軍〜
	協働者	㈱シイツウ、KTS鹿児島テレビ、鹿児島地方法務局、鹿児島県人権同和対策課
	\multicolumn{2}{}{現役引退後、クラブの「応援リーダー」に就任した田上裕が、「鹿児島でがんばる老若男女の挑戦を応援したい」と講演、お祭り、YouTubeなどで精力的に活動。コロナ禍で苦しむ飲食店を応援するために、「鹿児島応援！ユナイテッド飯」と題して各店のテイクアウトを紹介する番組のレポーターを務めた他、人権啓発、鹿児島の名産品発掘など、さまざまな社会連携の場で顔として活躍する。}	

FC琉球
https://fcryukyu.com/contact/

2020	活動名 ビーチクリーン活動
	協働者 トランスコスモス㈱、一般財団法人沖縄美ら島財団、JICA沖縄国際センター
	協賛企業トランスコスモス㈱が社内でビーチクリーン活動を取り組むことになり、クラブとして参加が可能か打診。一般財団法人沖縄美ら島財団、JICA沖縄国際センターとともに協働し、ビーチクリーン活動を実施した。

2021	活動名 沖縄「REVIVE-再興」プロジェクト
	協働者 ㈱ターミナル、琉球通運㈱、㈱SARCLE、㈱イミオ
	コロナ禍で多大な影響を受けている観光立県沖縄の子どもたちにスポーツの楽しさや夢を持つ楽しさを感じてもらい、また日頃の恩返しのひとつとして、離島を含む沖縄県内の全小学校266校に「沖縄『REVIVE-再興』プロジェクト」と題して、FC琉球×sfidaオリジナルのサッカーボール4個ずつ計1064個を寄贈。いくつかの学校には、選手が直接届けに行って、子どもたちとの交流も深めた。

2022	活動名 FC琉球県産品＆子ども応援プロジェクト　※詳細はP44〜53参照
	協働者 イオン琉球㈱、沖縄県商工労働部、おきなわこども未来ランチサポート（沖縄県委託事業）、東京バス㈱
	イオン琉球、沖縄県と協働し、コロナ禍で影響を受けている県産品を活用した琉球応援弁当やアスリートレシピを企画開発。クラブとイオンのコンテンツやメディアを活用したプロモーションおよびイオン店舗での琉球応援弁当の販売により、県産品の流通を促進した。また、琉球応援弁当の県内子ども食堂への寄付（計5000食）を通した選手と子どもたちとの交流により、コロナ禍の影響をとくに受ける困窮家庭の子どもたちへの食糧支援と自立支援も目指した。

「シャレン!」
活動企画用シートの
使い方

あなたも「シャレン!」活動の企画を考えてみませんか？

自分が住んでいる街が抱えている課題解決はもちろん

困っている人を助けたいという想いなど何でも構いません。

地元のJクラブを使って地元に笑顔を増やしましょう！

こちらに用意した2つのパターンと自由シートを使って

独自の企画を考えたら、P135~167に記載されている

各Jクラブの問い合わせ先に相談してみてください。

「シャレン!」活動企画用シート1

活動名

活動目的

協働者

クラブの強み

あなたの地域のJクラブ

クラブの利益

協働者1

協働者2

協働者1が求めるもの

協働者2が求めるもの

「シャレン!」活動企画用シート2

活動名

活動目的

協働者

あなたの街のJクラブ

協働者1

役割

活動内容

役割

役割

役割

協働者2

協働者3

「シャレン！」活動企画用シート3

活動名

活動目的

協働者

著者あとがき

　僕が初めて「シャレン！」を知ったきっかけは、2020年開幕前の
Ｊリーグキックオフカンファレンスだった。Ｊリーグ内で「シャレ
ン！」が実質的に動きはじめたのは2018年なので、恥ずかしながら、
その存在を知るまでにはかなりのタイムラグがあった。

　ただ、Ｊリーグが「シャレン！」をはじめた経緯やその主旨を聞
いた時、一瞬にして虜になった。というか、できることなら自分も
参加したい、というある種の衝動にかられたことを覚えている。

　その取り組みの素晴らしさを、さっそく友人でもあるベースボー
ル・マガジン社の冨久田秀夫氏に熱く語ってみたところ、確かその
場で書籍にできないかという話になった。残念ながら、そんな矢先
にコロナ禍に見舞われたことで、Ｊリーグの試合はもちろん、世の
中のすべての活動が一時休止に追い込まれてしまい、当然ながら
「シャレン！」の書籍化の話も断ち切れになってしまった。

　結局、その話が再開するまでには約２年の年月を要したわけだが、
しかしその間、Ｊリーグのクラブは足を止めていなかった。クラブ
自体が経済的に疲弊する中、少しでもコロナ禍で困っている人たち
の役に立つ活動はできないかと知恵を絞り、社会貢献活動を続けて
いた。試合はできなくても、スタジアムの外でクラブはその地域に
存在する意義やその価値を証明し、Ｊリーグも2020年５月に最初
の「シャレン！アウォーズ」を開催している。

　今年で30周年を迎えたＪリーグは、まだ競技面では世界のトッ
プリーグには遠く及ばないかもしれないが、少なくとも、日本独自

のカルチャーを日本社会に根づかせたことだけは間違いない。それは、スポーツ文化とは少しニュアンスが異なるものの、スポーツが身近にあることの価値、Ｊリーグが地域にあることの意義を、人々が実感できるような社会に変えたことではないだろうか。

　今回、執筆するにあたって50人を超える方々から話をうかがわせてもらったが、ほぼ例外なく、クラブ担当者からは「少しでも地域の役に立ちたい」、活動協働者の方々からは「地元にＪリーグのクラブがあってよかった、感謝している」という言葉を聞くことができた。おそらくそれこそが、地域密着を柱とした百年構想を掲げるＪリーグが、この30年で積み重ねてきた成果だと思う。

　Ｊリーグが産声を上げた1993年、僕は当時創刊したばかりの海外サッカーをメインとする専門誌の編集部員として、この世界に足を踏み入れた。以来、これまで50ヶ国以上で取材をしてきたが、その中でひとつだけ言えるのは、サッカー先進国のクラブにも社会貢献活動は確かに存在するが、Ｊクラブのような多種多様な活動は存在しない、ということだ。地元の課題を解決するために汗をかき、寝る時間を割いて尽力するクラブスタッフも、おそらく世界には存在しない。その意味で、「シャレン！」は日本サッカー独自のカルチャーであり、世界に誇れるコンテンツだと確信できる。

　最後に、本書のために貴重な時間を割いて取材にご協力いただいたＪクラブのスタッフおよび協働者の方々、バックアップしてくれたＪリーグ関係者の方々、そして制作に関わっていただいたすべての方に、この場を借りてお礼を申し上げます。本書が、ほんの少しでもＪクラブの「シャレン！」活動に役立つことを願って。

2023年２月

中山　淳

著者プロフィール

中山 淳 なかやま あつし

1970年生まれ、山梨県甲府市出身。明治学院大学卒。月刊『ワールドサッカーグラフィック』誌編集部勤務、同誌編集長を経て2005年に独立。サッカーを中心に、さまざまなスポーツメディアで執筆する他、海外サッカー中継の解説やサッカー関連番組に出演する。スポーツ関連の出版物およびデジタルコンテンツの企画制作を行う有限会社アルマンド代表。著書に『Jクラブ歴代ユニフォーム完全カタログ 東日本編』『同 西日本編』『ワールドサッカースーパースターユニフォーム読本』(以上、エイ文庫)、『助っ人外国人が本音で語る　良い日本サッカー　もっと良くなる日本サッカー』(東邦出版)、監修に『努力は成功へ導く魔術―シメオネ語録 夢をかなえる珠玉の名言125』(ベースボール・マガジン社)。

提供：ヴァンフォーレ甲府

取材・制作協力

清水エスパルス、いわてグルージャ盛岡、Y.S.C.C.横浜、FC琉球、
カマタマーレ讃岐、ガイナーレ鳥取、名古屋グランパス、ヴァンフォーレ甲府、
カターレ富山、松本山雅FC、ブラウブリッツ秋田
上記11クラブにおけるシャレン！協働者の方々

制作協力

公益社団法人日本プロサッカーリーグ（Jリーグ）

公益社団法人ジャパン・プロフェッショナル・バスケットボールリーグ（Bリーグ）
有限会社ケンプランニング

公益財団法人日本サッカー協会

北海道コンサドーレ札幌、ヴァンラーレ八戸、ベガルタ仙台、モンテディオ山形、
福島ユナイテッドFC、いわきFC、鹿島アントラーズ、水戸ホーリーホック、栃木SC、
ザスパクサツ群馬、浦和レッズ、大宮アルディージャ、ジェフユナイテッド千葉、
柏レイソル、FC東京、東京ヴェルディ、FC町田ゼルビア、川崎フロンターレ、
横浜F・マリノス、横浜FC、湘南ベルマーレ、SC相模原、AC長野パルセイロ、
アルビレックス新潟、ツエーゲン金沢、ジュビロ磐田、藤枝MYFC、アスルクラロ沼津、
FC岐阜、京都サンガF.C.、ガンバ大阪、セレッソ大阪、ヴィッセル神戸、
ファジアーノ岡山、サンフレッチェ広島、レノファ山口FC、徳島ヴォルティス、
愛媛FC、FC今治、アビスパ福岡、ギラヴァンツ北九州、サガン鳥栖、V・ファーレン長崎、
ロアッソ熊本、大分トリニータ、テゲバジャーロ宮崎、鹿児島ユナイテッドFC

デザイン／paare'n
編集協力／星野有治（有限会社ライトハウス）

Ｊリーグを使ってみませんか？
地域に笑顔を増やす驚きの活動例

2023年2月28日　第1版第1刷発行

著　者　中山 淳
発行人　池田 哲雄
発行所　株式会社ベースボール・マガジン社
　　　　〒103-8482 東京都中央区日本橋浜町2-61-9
　　　　TIE浜町ビル
電　話　03-5643-3930（販売部）
　　　　03-5643-3885（出版部）
振替口座 00180-6-46620
https://www.bbm-japan.com/

印刷・製本　大日本印刷株式会社
©Atsushi Nakayama 2023
Printed in Japan
ISBN 978-4-583-11583-2 C2075